QUERVERLAG

JORIS KERN

MIT EINEM VORWORT VON MITHU SANYAL

# SEX, ABER RICHTIG?

ÜBER DIE SACHE MIT DEM KONSENS, DIE KOMPLIZIERTER IST ALS GEHOFFT, ABER AUCH ENTSPANNTER ALS BEFÜRCHTET

Erste Auflage: September 2023
Zweite Auflage: September 2026



Umschlag und grafische Realisierung von Sergio Vitale

Druck und Weiterverarbeitung: azymut
ISBN 978-3-89656-335-4
Printed in Poland

Bitte fordern Sie unser Gesamtverzeichnis an:
Querverlag GmbH
Akazienstraße 25, 10823 Berlin
www.querverlag.de • mail@querverlag.de

# INHALTSVERZEICHNIS

# VORWORT

## MITHU SANYAL

Vor einer Weile saß ich auf einem Podium – es ging um Sex und sexuelle Grenzen und wie wir diese einhalten –, als ein junger Mensch im Publikum die Hand hob und fragte: „Was kann man denn überhaupt noch machen?"

Das war nicht das erste Mal, dass diese Frage bei Veranstaltungen gestellt wurde, häufig auch in der Variante: „Was kann man denn überhaupt noch sagen?" (Seltener: „Wie kann man denn überhaupt noch flirten?", aber auch das kommt vor.) Und es war auch nicht das erste Mal, dass blitzschnell die Antwort kam: „Alles ist erlaubt, solange es nicht sexistisch oder rassistisch ist."

Nun ist das eine gute Selbstverpflichtung – Versuche, kein Arschloch zu sein! – aber als Verhaltensrichtlinie nicht ganz so nützlich. Zumindest in meiner Bubble kenne ich niemanden, der*die von sich sagen würde: Ich bin stolz darauf, dass ich so rassistisch und/oder sexistisch bin.

Und trotzdem sind wir es immer wieder. Die Aufforderung „Hör auf, es falsch zu machen" reicht also nicht aus. Was wir brauchen, ist mehr.

Was wir brauchen, ist Wissen über Konsens. Was wir brauchen, ist Joris Kern.

Konsens ist das, was alle wollen, von dem aber keiner so recht weiß, was er denn nun genau ist. Wenn wir Konsens sagen, meinen wir damit in der Regel, dass wir einer Meinung sein wollen. Und das ist super, wenn wir einer Meinung sind. Sobald es einen (Interessens-)Konflikt gibt, hilft es uns aber nicht weiter. In einem Satz: Wir wollen Konsens haben, aber ihn nicht herstellen.

In Joris' erstem Buch – dem Essaybändchen *Konsenskultur, Gemeinsam größer denken* – unterscheidet Joris Kern deshalb zwischen einer Kompromisskultur – also der, in der wir alle groß geworden sind – und Konsenskultur. Kompromisskultur heißt, dass bei einem Konflikt alle Seiten etwas aufgeben und sich in der Mitte treffen. Also: Wenn mein Sohn Geld von mir möchte, um sich Orangensaft zu kaufen, und ich will, dass er für seine Mathearbeit lernt, wäre der Kompromiss, dass er eine halbe Flasche Saft kauft und eine halbe Matheaufgabe macht? Ist irgendjemand glücklicher? Das hatte ich auch nicht erwartet.

Das Beispiel ist nur halb so absurd, wie es sich anhört, denn bei Kompromissen sind in der Regel alle unglücklich – nur halt nicht allzu unglücklich. Man trifft sich auf dem kleinsten gemeinsamen Nenner und beißt die Zähne zusammen.

Konsenskultur dagegen sucht nach dem größten gemeinsamen Vielfachen. Sie basiert, so Kern, auf der Überzeugung, dass „verschiedene Bedürfnisse oder Wünsche nicht per se in Konkurrenz zueinander, sondern Teil eines noch zu gestaltenden gemeinsamen größeren Bildes" sind. Kein Problem bei Orangensaft und Mathe, aber wie sieht das bei komplexeren Bedürfniskonstellationen aus?

Auch dafür ist es notwendig, überhaupt erst einmal herauszufinden, was alle Seiten eigentlich wollen. Und das setzt voraus, dass alle das sagen. Und vor allem selbst erst einmal wissen! Im wirklichen Leben wissen wir nämlich häufig keineswegs, was wir wollen. Ganz im Gegenteil wird uns das von früh auf abtrainiert, nach dem Motto: Stell dich nicht so an, du bist so kompliziert …

Nach diesem Modell ist nett, wer über sich selbst hinweggeht. Ich hatte eine sehr nette Mutter. Eine sehr, sehr nette Mutter. Und ich kann sagen, dass es nicht einfach ist, mit Menschen zusammenzuleben, die ständig Opfer für dich bringen.

Deshalb ist es so erleichternd, Joris Kern zu lesen. Es ist wie eine Zeitmaschine, mit der man durch die eigenen Konditionierungen zurückfliegen und neue und überraschende Entscheidungen treffen kann. „In der Konsensfindung sind die ursprünglichen Wünsche oder Positionen keine Begrenzung, sondern ein Startpunkt", führt Kern aus. „Man zerlegt die

Wünsche und Bedürfnisse in immer genauere Bausteine, um dann aus dem entstandenen großen Puzzle eine Lösung zusammenzubauen. Wichtige Bedürfnisse nicht zu äußern, macht es anderen schwer bis unmöglich, die Bedürfnisse aller bei der Erarbeitung einer Lösung mitzudenken."

Dazu muss dann der nächste Schritt gemacht werden und die Bedürfnisse der anderen müssen genauso wichtig genommen werden wie die eigenen. Genauso. Aber eben nicht mehr. Oder weniger. Konsens bedeutet nämlich auch, sich davon frei zu machen, anderen Menschen ihre Bedürfnisse befriedigen zu müssen. Und zwar *so wie sie sind.* Denn das Ergebnis eines Konsensprozesses ist häufig keineswegs das, was die eine Seite getan hätte, wenn sie die Gedanken (sprich Bedürfnisse) der anderen Seite gelesen hätte.

In dem vorliegenden Buch beschäftigt sich Joris Kern mit konsensueller Sexualität. Ich bin immer wieder entsetzt über viele Konsensseminare, vor allem an Schulen, bei denen Mädchen beigebracht wird, Nein zu sagen, und Jungen, das Nein zu akzeptieren – und das war's! Diese Seminare setzten nicht da an, dass sich Menschen – und das bedeutet in diesem Fall Mädchen – über ihre eigenen Bedürfnisse klar werden sollen. Stattdessen vermitteln sie ein sexuelles Szenario, in dem Jungen den sexuellen Laden schmeißen und Mädchen ein Vetorecht haben, was alle Seiten kleiner macht, inklusive der Sexualität.

Aber ist Nein denn nicht wichtig? Aber hallo!

Ich finde schon lange, dass wir eine Nein-Alphabetisierungskampagne brauchen. Wenn ich das auf Panels sage, wird es immer ganz still im Raum, weil alle Angst haben, der nächste Satz wäre, dass „Nein" in Wirklichkeit doch „Ja" heißt oder „vielleicht" oder „überrede mich". Deshalb gebe ich es hiermit schriftlich: Natürlich gibt es ein Nein, bei dem alles sofort stoppen sollte. Joris Kern nennt das das Notfall-Nein. Es ist das Nein, das wir erst äußern, wenn wir bereits mit dem Rücken an der Wand stehen. Und für viele Menschen ist das das einzige Nein, das sie haben. Weil wir – Stichwort: Alphabetisierungskampagne – keine anderen lernen. Deshalb ist Nein auch so bedrohlich für uns, weil wir dann nicht weiter wissen, außer sofort alles stehen und liegen zu lassen und die Flucht zu ergreifen. Dabei ist Nein erst einmal eine Information. Und zwar eine wichtige Information: So nicht.

Wie gesagt, bei einem Notfall-Nein gibt es danach keine Diskussionen. Dieses Nein ist das Safe-Word unter den Konsensworten. Doch es ist kein Zufall, dass die meisten Safe-Wörter eben nicht Nein sind, sondern „Pizza" oder „Rumpelstilzchen", damit sie nicht mit all den anderen Neins auf dem Weg zum Konsens verwechselt werden. Bei diesen Neins – ebenso wie bei vielen Jas – fängt das Gespräch erst an. Gar nicht? Oder so nicht? Warum nicht? Oder auch: Wie dann?

Nebenbei können wir auch nur, wenn wir selber Ja und Nein und „ich brauche" sagen können, in die Konflikte von anderen konstruktiv eingreifen und nicht einfach nur panisch schreien: „Du hast recht" versus „du bist falsch". Sondern statt dessen fragen: „Was wollt ihr? Was braucht ihr?" Schließlich geht es in Konflikten häufig nicht um die Inhalte, sondern um die im Verlauf entstandenen Verletzungen, weshalb wir umso härter gegen andere Menschen vorgehen.

Über Bedürfnisse, Wünsche, Fantasien reden: Nichts einfacher als das.

Als ich vor vielen Jahren einmal mit einem damaligen Liebhaber Sex initiieren wollte, stieß er meine Hand mit einem schroffen „Lass das" zurück. Ich war verblüfft, weil ich bis dahin davon ausgegangen war, dass von mir liebkost zu werden, ein Geschenk sei. Ein Geschenk, das man vielleicht nicht immer wollte, aber nichtsdestotrotz ein Geschenk. Also sagte ich: „Von mir liebkost zu werden, ist ein Geschenk. Ein Geschenk, das du vielleicht gerade nicht willst, aber nichts desto trotz ein Geschenk. Warum sagst du nicht einfach: Nein, danke?"

Und er antwortete: „Ich habe gelernt, dass Nein Nein heißt."

Müssen wir also immer „Nein, danke" sagen? Keineswegs. Aber es wäre erstrebenswert, wenn wir es könnten. Weil – und das ist das Erstrebenswerteste daran – das bedeutet, dass wir uns wohl und sicher in unserem Nein fühlen und es unserem Gegenüber deshalb nicht um die Ohren klatschen müssen.

Denn ein Nein ist ein Geschenk, ein Zeichen, dass wir uns gegenseitig ernst nehmen.

Doch auch ein „Ich möchte/brauche/will …" ist ein Geschenk, weil wir uns verletzlich machen, indem wir offen über unsere Bedürfnisse sprechen. Schließlich können wir dann zurückgewiesen werden. Weshalb sich viele Menschen lieber hinter „objektiven" Gründen verstecken, warum ihr Bedürfnis richtig ist und Leute, die anderer Meinung sind, halt irgendwie das falsche Bewusstsein haben. Sogar Menschen, die nicht dogmatisch darauf beharren, dass das, was sie gut finden, auch gut ist, tun dies. Das geht auf den Philosophen Jürgen Habermas zurück und sein deliberatives Modell der Auseinandersetzung, nach dem ein (politischer) Konflikt ein rationaler Austausch sei, bei dem schließlich das beste Argument siegt. Bloß bedeutet das in der Praxis, dass sich die Überstimmten auch noch schämen müssen, weil sie offensichtlich die falschen Argumente hatten.

Noch eine Anekdote zum Schluss: Während ich dieses Vorwort schreibe, hatte ich eine Auseinandersetzung (also einen Streit) mit meinem Liebsten. Ich sage jetzt nicht, worum es ging, nur dass ich mir dachte: Prima, eine Gelegenheit, Konsens zu üben. Und bat ihn, mir zu erklären, was er wollte und mir danach zuzuhören, was ich wollte – was kein Problem war. Viel schwieriger war, nicht sofort eine Lösung anzubieten; schließlich brauchen wir für eine echte Lösung erst alle Informationen.

Es war verblüffend, wie schnell wir zu einem Ergebnis kamen, und noch verblüffender, dass er danach irgendwann nervös wurde. „Aber was muss ich denn jetzt dafür leisten?", fragte er schließlich unruhig, da er gelernt hatte, dass man für einen Kompromiss immer etwas bezahlen muss.

Dabei war für mich in diesem Moment – ebenso wie für die meisten von uns – alleine in meinen Bedürfnissen wahrgenommen zu werden, schon umwerfend. Joris Kern erklärt, dass das sogar heilend sein kann. Weil es so selten ist.

# EINLEITUNG

Seit 2009 gebe ich Workshops, die sich mit Sexualität und Konsens beschäftigen. Während das damals noch ein Nischenthema war, gibt es inzwischen immer mehr Menschen, die Ähnliches anbieten, und der Begriff „sexueller Konsens" taucht in immer weiteren Kreisen der Gesellschaft auf. Während mich das einerseits natürlich freut, macht es mir andererseits auch Sorgen. Wenn „Konsens" das neue Dogma ist, dieses neue Ding, das alle kennen und alle können müssen, dann wird es gleichzeitig immer schwieriger, darüber zu sprechen, was wir mit diesem Begriff eigentlich meinen, zuzugeben, dass wir das nicht „drauf haben" und Fragen zu stellen.

Dabei ist genau das immer mein Anliegen gewesen: Räume zu schaffen, in denen ehrlicher Austausch und liebevolles Forschen möglich sind. Darüber, was wir brauchen, damit Einvernehmlichkeit gelingen kann, aber auch, was uns daran hindert und warum selbstbestimmter und wirklich einvernehmlicher Sex – trotz guten Willens – oft so schwer ist.

Dieses Buch möchte einen Beitrag zum Diskurs leisten, der dazu einlädt, abseits akademischer Debatten wieder persönlich zu werden. Ich konzentriere mich dabei vor allem auf Sex, der zwischen Menschen stattfindet, die grundsätzlich Einvernehmlichkeit anstreben. Auch abseits von Übergriffen ist es nämlich unerwartet schwierig, Einvernehmlichkeit zu gestalten. In wohlwollenden und auf Einvernehmlichkeit ausgelegten sexuellen Begegnungen gibt es allerdings oft großes Potential und großes Interesse daran, sich sexuell weiterzuentwickeln.

Ich schreibe über komplexe Zusammenhänge, wohl wissend, dass ich Sichtweisen vergessen werde und mein Blick nicht neutral oder objektiv ist. Deswegen lade ich ganz im Sinne meines Anliegens zum „konsensuellen Lesen" ein. Was ich schreibe, schreibe ich aus wohlgereifter Überzeugung und langjähriger Erfahrung. Wenn es nützlich für dich ist, nimm es mit. Wenn du jedoch merkst, dass es dir nichts bringt, gibt es keinen

Grund, dich zu verbiegen, um meine Wahrheit zu deiner zu machen. Vielleicht ist es nicht jetzt, aber irgendwann später für dich nützlich. Wenn du jedoch Widersprüche wahrnimmst oder dir etwas Wichtiges fehlt, lade ich dich herzlich ein, zum Diskurs beizutragen, meine Ideen mit deiner Sicht zu ergänzen und das Bild vollständiger zu machen.

Besonders freuen würde es mich, wenn Menschen erstens dieses Buch zum Anlass nehmen, ins Gespräch zu kommen, sich auszutauschen und wirklich gute Gespräche über Sex zu führen sowie über all die Themen, die damit verknüpft sind. Und zweitens ist es mir wie immer ein Anliegen, mehr innere und äußere Räume für Lust, Genuss, Kontakt und Authentizität zu öffnen.

Und dann bleibt die Frage nach Sprache. Ich spreche in diesem Buch selten über Männer* und Frauen*. Meistens spreche ich über Menschen, Personen oder nutze anderweitig neutrale Formen. Dort, wo es wichtig ist, habe ich mich entschlossen, ein * anzuhängen. Darüber, welche Form für transFrauen und transMänner inklusiver ist, gibt es sehr unterschiedliche Meinungen. Das * ist aber im Moment die einzige Möglichkeit, um deutlich zu machen, dass auch nicht-binäre Menschen in Geschlechterrollen sozialisiert und deswegen von den Erwartungen und Verhaltensmustern, die ich beschreibe ebenfalls betroffen sind, auch wenn sich manche Ausführungen auf binäre Geschlechterkategorien beziehen. Ich bin gespannt, wie sich unsere Sprache weiter entwickelt, und hoffe, dass wir bald allgemein verwendete geschlechtsneutrale Optionen haben werden.

Und nun: Viel Spaß beim Lesen!

# CONSENT, KONSENS UND KONSENSUALITÄT

In den letzten Jahren hat es viele Diskussionen um Sexualität gegeben. Da waren die „Nein heißt Nein"-Debatte um die Strafrechtsreform, die Auseinandersetzung um das sogenannte Prostitutionsschutzgesetz, #metoo und der Kampf um Informationen zum Schwangerschaftsabbruch. In allen diesen Diskussionen ging und geht es um das Selbstbestimmungsrecht von Frauen* über den eigenen Körper. Verhandelt wird dabei meist der Schutz und die Selbstbestimmung von Frauen*, die von sexualisierter Gewalt statistisch gesehen deutlich häufiger betroffen sind als Männer*. Über Männer* wird dabei selten diskutiert. Weder als potentielle Opfer von Gewalt und darüber, wie auch sie vor Übergriffen geschützt werden können, noch darüber, wie gesellschaftlich verhindert werden kann, dass aus ehemals niedlichen unschuldigen Babys später Sexualstraftäter* werden. Weder wird über die Rolle von Männern* in der Prostitution gesprochen, wenn es um Abschaffung oder Legalisierung geht, noch wird über die Rolle von Männern* an ungewollten Schwangerschaften gesprochen, wenn diskutiert wird, ob Frauen* diese auch gegen ihren Willen austragen müssen.

Es wird also in diesen Debatten vornehmlich darüber gesprochen, wie Schaden von potentiellen Opfern abzuwenden oder zu minimieren ist. Diese Art des Denkens spiegelt sich auch in der klassischen Aufklärungs- und Präventionsarbeit wider. Wie können potentielle Opfer vor Gewalt geschützt, ungewollte Schwangerschaften und die Übertragung von Krankheiten verhindert werden? Besonders gefährdeten Zielgruppen Informationen, Selbstverteidigungsmöglichkeiten und Unterstützung zukommen zu lassen, ist notwendig.

Dass es Täter* gibt, und dass diese Täter* meist männlich sind, nehmen wir dabei allerdings leider viel zu oft als Tatsache hin und beschränken uns darauf, Menschen Werkzeuge zu geben, um sich zu wehren. Dabei bleiben wir kulturell im gleichen Denken: Wir glauben daran, dass Sexualität etwas ist, das von Männern* ausgeht, tendenziell gewaltförmig ist und nicht-männlichen Menschen zustößt, etwas, das von außen kommt und gefährlich ist.

Vielleicht glauben wir auch, dass Sexualität etwas ist, das vor allem junge Leute übermannt, woraufhin sie dann dumme und unbedachte Dinge tun, ein Problem, das sich aber mit dem Alter von selbst löst, also nicht gesamtgesellschaftlich thematisiert werden muss. Gewaltförmige Sexualität wird dadurch im Kern noch nicht infrage gestellt, ebensowenig, wie attraktive Alternativen zu den gewohnten Bildern angeboten werden.

Was ich vermisse, ist ein größerer Wurf für eine neue, an Einvernehmlichkeit ausgerichtete sexuelle Kultur. Wie kann Sexualität etwas grundsätzlich Positives sein, wie sieht ein für alle Beteiligten lustvolles, selbstbestimmtes sexuelles Miteinander aus und wie kann man das und die nötigen Fähigkeiten dafür vermitteln und lernen?

Spätestens in den Debatten zur Strafrechtsreform wurde klar, dass es in diesem Land keine Einigkeit darüber gibt, dass „Nein" Nein heißt. Ob etwas als Vergewaltigung gilt, hing laut Strafgesetz bis 2016 nicht davon ab, ob eine Person gerne jetzt, hier, von dieser anderen Person und auf diese Weise penetriert werden wollte, sondern ob sie sich genug gewehrt hatte und das auch beweisen konnte. Die Philosophin, Sozialwissenschaftlerin und Autorin Margarete Stokowski hat es großartig auf den Punkt gebracht: „Wenn meine Vagina ein Auto wäre, hätte sie mehr Rechte." Bei einem Auto wäre nämlich klar, dass man erst die Besitzerin fragen muss, bevor man es sich nimmt, und dass man für entstandenen Schaden haftet. „Wenn es doch so einladend mit offenem Verdeck und steckendem Schlüssel an der Straße stand, konnte ich doch nicht wissen, dass ich es nicht gegen einen Baum fahren durfte!" wäre ein absurder Verteidigungsversuch vor Gericht, wenn es um ein Auto ginge. In Vergewaltigungsprozessen kommt man mit dieser Strategie durch.

Implizit wird hier aber auch vermittelt: Sex, der nicht in diese sehr enge Kategorie von Vergewaltigung fällt, ist okay und normal. Auch in der emanzipatorischeren Aufklärungs- und

Präventionsarbeit wird das leicht zum Subtext: Wenn keine Katastrophe eingetreten ist, war der Sex gut, gut genug, oder zumindest gibt es formell nichts zu beanstanden.

Seit vielen Jahren forderten Feminist*innen und andere denkende und empathiebegabte Menschen eine Gesetzgebung, die klar definiert, dass ein „Nein" gilt und ausreichen muss. Sie wollten, dass rechtlich festgeschrieben wird, dass das Bestimmungsrecht jeder Frau* und grundsätzlich jedes Menschen über den eigenen Körper bei ihr*ihm selbst liegt. Wir erinnern uns: Vergewaltigung in der Ehe zählt erst seit 1997 als Straftat. Vorher konnte per juristischer Definition ein Geschlechtsverkehr innerhalb eines Eheverhältnisses keine Vergewaltigung sein und eine Frau* war sogar dazu angehalten, während ihrer „ehelichen Pflichten" weder Widerwillen noch Gleichgültigkeit zu zeigen. Ungewollte sexuelle Handlungen, die keine Penetration einschließen, wurden und werden in diesem Kontext gar nicht mitgedacht und gelten zumindest im Rahmen von Ehe und Beziehung höchstens als „Kavaliersdelikt".

Auch nach der Strafrechtsreform gilt allerdings: Die Verantwortung für das Abwehren von ungewolltem Sex liegt bei der potentiell penetrierten Person, die ihren Unwillen deutlich genug zeigen muss, was im Zweifelsfall zu beweisen wäre. Die juristische Verantwortung dafür, sich ein deutliches und freiwilliges Einverständnis abzuholen, trägt weiterhin nicht die Person, die jemand anderen penetrieren möchte. Da es hier statistisch und diskursiv meistens um heterosexuelle Interaktionen geht, wird also davon ausgegangen, dass Frauen* Männern* für Penetration zur Verfügung stehen, bis sie das Gegenteil beweisbar deutlich genug machen.

Im IT-Bereich würde man das ein „Opt-out"-Setting nennen. Das ist eine Voreinstellung, bei der etwas automatisch passiert – Cookies werden installiert, ein Abo abgeschlossen oder Push-Nachrichten versendet –, solange ein/e Nutzer*in nicht explizit widersprochen hat. Dieses „Opt-out" ist im Internet inzwischen in Deutschland schon lange nicht mehr legal. Im Zusammenhang mit sexueller Selbstbestimmung könnte man allerdings von einem „Opt-out"-Setting mit Hindernissen sprechen. Es muss deutlich genug und auf die richtige Art widersprochen werden und das im Zweifelsfall bewiesen werden können, damit ungewollter Sex „anfechtbar" ist.

Erschwerend kommt hinzu, dass es einen weit verbreiteten Glauben daran gibt, dass „Frauen*, wenn sie Nein sagen, eigentlich Ja meinen" und „ein bisschen Zieren" zum Flirten dazugehört. Eine Frau*, die eigentlich Sex will, darf eben auch nicht „leicht zu haben" sein und muss „verführt" werden. Diese Annahme hat weitreichende Folgen, vor allem, da gleichzeitig insbesondere weiblich sozialisierten Menschen beigebracht wird, „gefällig" zu sein und lieber nicht Nein zu sagen, auch wenn sie Nein meinen. Oder sie haben die Erfahrung gemacht, dass es gefährlich werden kann, wenn sich ein männliches Ego durch Ablehnung gekränkt fühlt. Diese Angst sitzt tief in unserer Gesellschaft.

In meiner Arbeit zu Sexualität und Einvernehmlichkeit stelle ich immer wieder fest, dass es den meisten Menschen aber sogar in sicheren und einvernehmlichen Umständen ausgesprochen schwer fällt, Nein zu sagen ohne dabei entschuldigend zu lächeln oder verniedlichende Gesten zu machen, was im echten Leben wiederum als Zustimmung interpretiert werden kann und wird. Und: In einem Setting, in dem so lange weitergemacht wird, bis ein Nein kommt, und Schutz darin besteht, Nein-Sagen zu lernen und sich wehren zu können, wird dadurch leider auch implizit suggeriert, dass es ein „selber schuld" gibt, wenn jemand nicht Nein sagt.

Im nordamerikanischen Kontext hat sich seit den 80er Jahren eine Diskussion um *sexual consent* entwickelt, die mit Kampagnen an Hochschulen und Universitäten einhergeht. Hier geht es darum, eine neue Kultur rund um Sexualität aufzubauen. Demnach erfordern sexuelle Handlungen explizite Zustimmung. Diese Zustimmung kann nicht mehr aus Situation, Kleidung oder fehlender Abwehr abgeleitet werden, sondern muss aktiv eingeholt werden. Dadurch verschiebt sich die Verantwortung zwischen den beteiligten Personen. Wo vorher häufig davon ausgegangen wurde, dass eine Person ihre Grenzen deutlich genug machen muss, um in Ruhe gelassen zu werden, ist nach diesem Konzept die aktive Person in der Pflicht, sich vor einer Handlung Zustimmung einzuholen. Wo vorher ein Mädchen* als „selber schuld" galt, wenn sie abends noch mit Jungs* unterwegs war oder einen kurzen Rock getragen hat, und männliche Sexualität als gefährlicher Selbstläufer – *boys will be boys* – angesehen wurde, ist nach diesem Konzept der Junge* in der Verantwortung, keine Grenzen zu übertreten, denn es wird ihm eine klare Handlungsanweisung gegeben: Du musst vorher fragen! Es wird dadurch deutlich schwieriger, sich herauszureden, wenn man die Grenzen einer anderen Person übergangen hat.

Anders formuliert kann man sagen, dass hier ein Paradigmenwechsel stattgefunden hat: Vom Sex mit Opt-out-Setting zum Sex mit einem Setting, in dem sexuelle Handlungen nur mit expliziter Zustimmung geschehen. Sex passiert nicht mehr automatisch, wenn man das Kleingedruckte nicht gefunden und deutlich genug auf die korrekte Weise widersprochen hat, sondern Sex findet nur dann statt, wenn er ausdrücklich erwünscht ist und diese Zustimmung deutlich ausgedrückt wurde. In Bezug auf Cookies im Internet würde man hier von „Opt-in" sprechen.

Dass dieses Konzept an nordamerikanischen Hochschulen stark propagiert wurde und wird, ist allerdings nicht nur ein feministisches Projekt. Hochschulen geht es dabei auch darum, Skandale zu vermeiden und Gerichtsverfahren abzuwenden, indem sie sich auf ihre „Consent-Regeln" berufen können. Trotzdem ist das Propagieren von sexuellem Consent ein wichtiger und notwendiger Bruch in einer Welt, die Vergewaltigung immer noch in weiten Teilen als Bagatelldelikt ansieht. Es ist auch eine empowernde Botschaft für diejenigen, die von sexualisierter Gewalt betroffen sind. Es stellt klar, dass die Opfer keine Mitschuld trifft. Sie hätten das Recht gehabt, selbst über ihren Körper und ihre Sexualität zu entscheiden, und dieses Recht wurde ihnen verwehrt, indem sie nicht gefragt wurden.

Dass es viele Cis-Männer gab und gibt, die sich von diesem Konzept so bedroht fühlen, dass sie es aufs Extremste bekämpfen, ist verständlich. Es widerspricht oft ihrer gesamten Sozialisation, in der ein Mann* nicht unsicher sein soll, sondern

Sexpartner*innen verführen oder „erbeuten" muss, und in der erwartet wird, dass er immer zu Sex bereit und gut im Bett ist und weiß, was er will. Auch als heterosexueller Kavalier hat man der Dame die Wünsche von den Augen abzulesen und nicht mit ihr auf Augenhöhe auszuhandeln. Ein ganzer Identitätsentwurf wird durch dieses Konzept infrage gestellt. Aber auch Frauen* stehen dem Konzept oft skeptisch gegenüber, und das nicht nur, weil sie gerne verführt werden wollen, es ihnen unangenehm ist, über Körper und Lust zu sprechen, und sie genauso wie Männer* von sich verändernden Erwartungen und Rollenvorstellungen verunsichert sind.

Auch aus (queer-)feministischer Sicht gibt es einige Probleme mit diesem Konzept, auf die ich eingehen will.

Selbstverständlich hat sich die Idee des sexuellen Consent weiterentwickelt. Einerseits ist es von Anfang an ein sehr heterosexuell ausgerichtetes Konzept gewesen, das stark von Klischees über aktive und dauergeile, raubtiergleiche Männer* und zarte, sexuell weniger aktive Frauen* bestimmt wurde. Queere Konstellationen wurden zunächst höchstens mitgemeint, allerdings ist dabei auf nicht-heterosexuelle Identitäten und Dynamiken nicht eingegangen worden. Andererseits ist natürlich schon früh bemerkt worden, dass die Realität von Interaktion und Kommunikation nicht nur in queeren Kontexten oft weitaus komplexer ist. Dementsprechend haben sich inzwischen verschiedene Consent-Modelle entwickelt.

Es gibt da zum einen den Begriff des *enthusiastic consent,* also die Forderung, dass eine Zustimmung nicht nur notwendig ist, sondern auch mit Begeisterung gegeben werden soll, um als *consent* zu gelten. Dahinter steht die Überlegung, dass es natürlich genau so einfach ist „na gut" zu sagen, wie etwas wortlos über sich ergehen zu lassen, das eigentlich nicht gewollt ist. Trotzdem wäre auch ein „na gut" formal eine Zustimmung. Zum *enthusiastic consent* gehört deswegen oft auch die Forderung, sich eben nicht nur auf verbale Zustimmung zu beschränken, sondern auch die Körpersprache mit einzubeziehen. Wer verschüchtert und verkrampft „Ja" sagt, meint vielleicht doch eher „lieber nicht". Hier liegt der Fokus wieder einmal darauf, dass

Sex wirklich nur dann stattfindet, wenn er ausdrücklich und auf allen Ebenen explizit erwünscht ist. Sex ist kein Automatismus. Gleichzeitig drängt sich bei der Forderung nach Enthusiasmus die Frage nach dem Umgang mit Grauzonen und mit Experimenten auf. Auch der Umgang mit „macht mich nicht besonders an, aber macht mir auch nichts aus“ z. B. in langjährigen Beziehungen bleibt hier ungeklärt oder die Eindordnung von selbstbestimmter Sexarbeit.

Außerdem existiert die Forderung nach *informed consent.* Auch hier wird versucht, eine Lücke des *consent*-Begriffes zu schließen. Zustimmung zählt nur dann, wenn die zustimmende Person auch weiß, wozu sie zustimmt. „Darf ich weitermachen?“ wäre demnach in den meisten Situationen eine zu ungenaue Frage, wenn nicht klar benannt wird, womit weitergemacht werden soll. Gleichzeitig könnte ein Ja auf die Frage „Darf ich einfach ein bisschen ausprobieren?“ unter Umständen als *informed consent* gelten oder dazu führen, dass anschließend die Grenzen des Ausprobierens gesteckt werden.

Einige Aktivist*innen zählen zu *informed consent* auch die Notwendigkeit, vor einer sexuellen Begegnung Beziehungsstatus, Gesundheitsinformationen und emotionale Beziehungsebene offenzulegen, um dadurch für alle Beteiligten den Rahmen transparent zu machen, in dem eine Begegnung stattfindet. Andere sehen den Begriff eher als individuelle Aushandlung. Wer wie viel Informationen zu welchem Thema braucht, um sich informiert entscheiden zu können, ist unterschiedlich. Die Bereitschaft, über Absichten und Pläne transparent und kongruent zu sein, ist hiernach notwendige Voraussetzung, die vordergründig nachvollziehbar und nützlich scheint. Auch dieses Prinzip stößt jedoch nicht nur dort an Grenzen, wo Menschen sich selbst unklar über ihre Bedürfnisse und Wünsche sind, sondern auch dort, wo Transparenz ein Risiko ist und Vertrauen erfordert: Muss ich wirklich beim ersten Date über Transitionsvergangenheit oder -pläne, chronische Krankheit, alleinerziehend sein, über meine pflegebedürftige Mutter oder meinen HIV-Status sprechen, weil sich eine Person sonst „hereingelegt“ vorkommt, wenn sie sich auf mich einlässt? Wie verträgt sich das mit dem Recht auf informationelle Selbstbestimmung?

Eine weitere Bedingung für Einvernehmlichkeit, die in allen Consent-Konzepten vorkommt, ist die Forderung nach Freiwilligkeit. Zustimmung ist demnach ungültig, wenn sie nicht freiwillig gegeben wird. Hier kommen natürlich sofort offensichtliche Unfreiheiten in den Sinn, wie Gewaltanwendung, Bedrohung, Erpressung und Abhängigkeit in Bezug auf existenzielle Sicherheiten wie Aufenthaltsstatus, Finanzen oder die Angst vor Verlust des Sorgerechts. Komplexer wird es jedoch, wenn man sich strukturelle Hierarchiegefälle anschaut. Da geht es um Karrieremöglichkeiten, gesellschaftlichen Status und Diskriminierungsstrukturen. Aber auch Schönheitsideale, Gesundheit und Selbstwertgefühl spielen eine Rolle dabei, wer sich traut, wählerisch zu sein, und wer nicht.

Manche gehen soweit, dass sie finden, Menschen mit sehr unterschiedlichem gesellschaftlichem Status könnten keine einvernehmlichen sexuellen Begegnungen haben. Das ist einerseits gemeint als Schuss vor den Bug von Menschen mit Privilegien. Andererseits spricht das gerade Menschen mit Diskriminierungserfahrung die Möglichkeit ab, selbst zu entscheiden, und hat außerdem eine Tendenz, intersektionale Realitäten vereinfachen zu wollen.

Zusätzlich ist in allen verschiedenen Strömungen klar statuiert, dass Zustimmung jederzeit zurückgezogen werden können muss. Sie gilt nur für jetzt und nur für die explizite Handlung. Es gibt daher in diesem Opt-in-Setting keine Abonnements mit automatischer Laufzeitverlängerung.

Die Debatten aus dem englischsprachigen Raum sind auch in die deutschsprachigen Diskussionen eingeflossen. Auch hierzulande hat man das Konzept des *sexual consent* übernommen, zuerst vor allem in linken, feministischen und queerfeministischen Kreisen. Hier ist es lange Zeit mit größter Vehemenz vertreten worden. Übersetzt wurde der Begriff zunächst meist mit *Zustimmungskonzept.* Zusammen mit Diskussionen um Definitionsrecht und Definitionsmacht wurde hier propagiert: Vor jedem einzelnen Schritt in einer sexuellen Begegnung muss aktiv verbale Zustimmung eingeholt werden! Alles andere ist automatisch ein Übergriff. Wer nicht fragt, ist ein Täter*!

Einerseits war diese harte Aussage für viele Frauen* sehr empowernd. Gewöhnt an eine ständige Täter/Opfer-Umkehr, gab und gibt es eine große Wut über die herrschenden sexistischen Verhältnisse, in denen allen, außer Cis-Männern, eine eigene und selbstbestimmte Sexualität abgesprochen wird. Die Definition darüber, was ein Übergriff ist, lag jetzt – zumindest in der Theorie – bei den Frauen*, und in dieser Vorstellung war ihr Körper grundsätzlich tabu, bis zur expliziten und spezifischen Erlaubnis. Für viele lag darin die Hoffnung, dass Sex nun sicherer und selbstbestimmter werden würde.

Andererseits hat auch diese Definition sich stark an heterosexistischen Klischeebildern orientiert und andere Beziehungsdynamiken außen vor gelassen. So blieben zum Beispiel Übergriffe durch Frauen* auf andere Frauen* oder Männer*, sowie Übergriffe unter Männern* weiterhin oft unthematisiert oder tabuisiert. Zusätzlich hat die Härte, mit der das Konzept vertreten wurde, teilweise verhindert, dass eine tiefere Auseinandersetzung entstehen konnte, in der ehrlich und offen über die Schwierigkeit, in sexuellen Begegnungen klar zu kommunizieren, gesprochen werden konnte. Auch Möglichkeiten der (gemeinsamen) Aufarbeitung wurden über die Diskussion von Sanktionen für Täter* hinaus kaum diskutiert. Man sollte „es" können, gleichzeitig gab es keine Anleitung, wie man dieses Ding mit der Einvernehmlichkeit lernen soll, hingegen aber die Androhung von harten Konsequenzen bei Versagen. Dieser Widerspruch war und ist nicht nur für männlich sozialisierte Menschen eine Schwierigkeit.

Interessanterweise ist in den letzten Jahren, auch durch die #metoo-Debatte angeregt, erneut ein Interesse an dem amerikanischen Konzept des *sexual consent* entstanden, das diesmal über die klassischen linken und queerfeministischen Kreise hinausging und breitere Kreise erreicht hat. Inzwischen wird der Begriff immer selbstverständlicher als *sexueller Konsens* übersetzt. Das ist eigentlich im Wortsinne ungenau. Das deutsche Wort *Konsens* müsste ins Englische eigentlich mit *consensus* zurückübersetzt werden. Nicht *Zustimmung* also, sondern *Über-*

*einstimmung.* Gleichzeitig schließt das deutsche Wort *Konsens* interessanterweise schon einen großen Teil der amerikanischen Diskussion mit ein.

Ein Konsens setzt nämlich einen Aushandlungsprozess voraus, dessen Ergebnis eine einvernehmliche Lösung oder Entscheidung ist, nicht mehr eine bloße formale Zustimmung. Ein Konsens ist dabei auch mehr als ein Kompromiss: nicht das zähneknirschende Abstriche machen nämlich, sondern die einvernehmliche Einigung, mit der alle Beteiligten zufrieden sind. Dafür sind Freiwilligkeit und Informiertheit notwendig, sowie der explizite Wille aller Beteiligten, einvernehmliche Entscheidungen zu treffen, nicht nur bloße Einwilligung zu einem Vorschlag oder Vorhaben abzufragen.

Leider setzen wir dabei Konsens oft mit dem kleinsten gemeinsamen Nenner gleich. In der Wissenschaft kann es z. B. viele verschiedene Theorien oder Modelle zu einem Thema geben. Der wissenschaftliche Konsens ist aber das, auf das sich alle einigen können und das nicht so leicht wieder infrage gestellt wird, weil die Forschungslage allgemein anerkannt ist. Eine Basis also. Für Sexualität wäre diese Konsensdefinition allerdings fatal. Beziehungen, in denen Sex ausschließlich im kleinsten gemeinsamen Nenner stattfindet und dieser nicht in Frage gestellt wird, leiden irgendwann unter einem einschlafenden Sexleben und daran, dass Partner*innen sich selbst und einander immer weniger attraktiv finden. Sexualität lebt neben Sicherheit und Vertrautheit auch von Neugierde, Horizonterweiterung und neuen Erfahrungen – dem Gefühl von Lebendigkeit.

Die Idee vom kleinsten gemeinsamen Nenner schleicht sich in unsere Vorstellungen vom sexuellen Konsens aber auch deswegen so leicht ein, weil wir diese Idee aus der Sexualpädagogik gewöhnt sind. Im „Aufklärungsunterricht" geht es klassisch darum, wie Kinder in den Bauch kommen. Fortpflanzung wird als Sinn und Zweck von Sex erklärt. Lust kommt höchstens am Rande vor, eventuell als Mittel zum Zweck eines Samenergusses für die Befruchtung einer Eizelle, nicht aber als Selbstzweck und vor allem nicht als weibliche Lust. Das marginalisiert natürlich nicht nur weibliche Lust und große, nicht-heterosexuelle Teile der Bevölkerung und ihre Sexualität, auch die wenigsten heterosexuellen Menschen haben vor allem deswegen Sex, weil sie sich akut dringend fortpflanzen wollen. Lust zu tabuisieren verfälscht also das Bild, das von Sex vermittelt wird, und das hat weitreichende Folgen. Ein Bereich der Sexualpädagogik ist zudem die Präventionsarbeit, in der versucht wird, Jugendliche – oft vor allem Mädchen* – vor sexuell übertragbaren Krankheiten, ungewollten Schwangerschaften und Gewalt durch Männer* zu schützen. Implizite Botschaften sind: Männer* sind gefährlich, Mädchen* und Frauen* potentielle Opfer. Um Menschen vor sexualisierter Gewalt zu schützen, muss man ihnen dann also vor allem beibringen, sich gegen Männer* zu wehren. Leider sind sie damit allerdings für ihren Schutz selbst verantwortlich. Implizit steckt darin auch die Botschaft: Wenn es gelingt das Schlimmste zu verhindern, ist alles in Ordnung. Guter Sex, bzw. Sex, der in Ordnung oder „normal" ist, wird dadurch indirekt über die Abwesenheit von Katastrophen definiert. Wenn nichts Schlimmes passiert ist, war es okay.

Es ist kein Wunder, dass diese Bilder auch in unsere Vorstellungen von sexuellem Konsens hineinspielen. Einerseits wird vermittelt: Frag, sonst bist du Täter! Frag, sonst ist die andere Person aus Versehen Opfer geworden! Sex ist gefährlich und wir müssen versuchen, das Schlimmste zu verhindern!

Andererseits: Sei zufrieden, wenn nichts von dem passiert, vor dem wir dich gewarnt haben! Mehr zu erwarten als die Abwesenheit von Katastrophen ist so unrealistisch, dass wir es nicht einmal erwähnen. Die Abwesenheit von schlechtem Sex wird so zur Definition von gutem Sex. Alles, was nicht schlimm ist, ist gut oder zumindest gut genug. Wirklich schöner Sex ist dann höchstens unverdienter Zufall oder Glück.

Und während diese Art von Sexualität für viele Menschen Realität ist, vermisse ich eine Perspektive, die Konsens größer denkt. Größer als nur den einen gefundenen Konsens und dann den nächsten, größer als die Vermeidung von unangenehmen Erfahrungen.

Das Prinzip des *enthusiastic consent* versucht, diesen Gedanken aufzunehmen: Sex soll etwas sein, das begeistert und nicht nur okay ist. Davon hingegen fühlen sich viele Menschen überfordert. Woher sollen sie vorher kognitiv wissen, dass etwas sie begeistern wird? Was ist mit dem freiwilligen Forschen, das noch kopfgesteuert ist, bevor es gelingt, sich zu entspannen? Was ist, wenn die eigene Realität so weit davon entfernt ist, dass man sich schämt zuzugeben, dass man diesem neuen Ideal nicht entsprechen kann?

Und was ist, wenn das mit dem Konsens trotz guten Willens nicht immer gelingt?

Mein Vorschlag ist: Weg vom Dogma des perfekten Konsens, also der perfekten unanfechtbaren richtigen Vereinbarung. Hin zu Konsensualität, einer Haltung, einem Miteinander, einer Kultur, die anfängt, Sex als etwas Positives, Lustvolles, Gemeinsames und selbstverständlich Einvernehmliches zu begreifen. Und obwohl es wie eine Wortklauberei wirkt, glaube ich, dass uns deswegen hierbei mit den Begriffen *konsensuelle Sexualität* bzw. *konsensueller Sex* besser gedient ist als mit dem Begriff *sexueller Konsens*. Ein Konsens ist immer eine konkrete Entscheidung, auf die dann eine nächste konkrete Entscheidung folgen kann. Konsensueller Sex ist hingegen Sex, bei dem Einvernehmlichkeit das wichtigste Kriterium ist und wir aktiv dabei sind, Freiwilligkeit auf verschiedenen Ebenen zu fördern und zu stärken. Hierbei sind alle Beteiligten gefordert und verantwortlich und es geht um Lust und um Genuss, nicht um Vermeidung von Katastrophen. Im Gegensatz zur formalen Zustimmung kann Konsensualität nur dort gelingen, wo allen Beteiligten daran gelegen ist, einvernehmlich miteinander umzugehen. Dass das immer noch schwer genug ist, wissen wir auch. Dafür lohnt es sich, Erfahrungen aus verschiedenen Communities und sexuellen Kulturen einzubeziehen.

Im BDSM – diese Abkürzung steht für die drei Wortpaare: *bondage/discipline, dominance/submission, sadism/masochism*, also Fesseln/Disziplin, Dominanz/Unterwerfung, Sadismus/Masochismus – gibt es zwei weitere interessante Definitionen, die Praktiken aus dem BDSM-Bereich von Gewalt abgrenzen: *safe, sane and consensual* und *risk aware consensual kink*. Beide gehen von Konsensualität als Prinzip aus, nicht vom einen festgelegten Konsens. Beide versuchen auszudrücken, dass BDSM auch mit Risiken verbunden sein kann, über die man sich im Klaren sein sollte. *Risk awareness*, also Risikobewusstsein, setzt Informiertheit voraus. Diese Risiken sollte man versuchen, weitestgehend auszuschließen (*safe*), also zum Beispiel beim Fesseln eine Schere für den Notfall bereit zu legen oder sich vorher über die Verläufe von Nervenbahnen zu informieren, um Verletzungen vorzubeugen. Über den Begriff *sane*, den man sowohl mit „psychisch gesund" als auch mit „bei klarem Verstand" übersetzen kann, gibt es hingegen Diskussionen. Wer soll das beurteilen? Welcher Zustand oder welche zugrundeliegenden psychischen Probleme gehören schon oder noch dazu? Muss ich psychische Gesundheit performen, um Sex haben zu dürfen? Wie sieht es mit Drogen oder Alkohol aus? Gleichzeitig ist klar, dass ich auch bei Zustimmung mit einer anderen Person keinen Sex haben sollte, wenn sie mir nicht bei klarem Verstand oder psychisch instabil erscheint. Überlegungen dazu, welche Kriterien Sex sicher genug und einvernehmlich machen, gibt es viele, und die Begriffe Konsens und Konsensualität gehen dabei oft durcheinander. Konsens (also eine Vereinbarung oder Entscheidung) kann Teil von Konsensualität sein, ist eine Haltung, eine bestimmte Art, miteinander umzugehen, eine Kultur, die in der Praxis sehr verschieden aussehen kann und sich an den Bedürfnissen der Beteiligten ausrichtet.

# KONSENSUALITÄT ALS SEXPOSITIVES KONZEPT

Konsensueller Sex ist also Sex, bei dem sich nicht nur von einem Konsens zum nächsten gehangelt wird, sondern der in einer Atmosphäre von Einvernehmlichkeit geschieht. Das ist ein grundsätzlich sexpositives Konzept, weil es hier längst nicht mehr nur darum geht, Schlimmes zu verhindern, sondern darum, dass alle Beteiligten möglichst angenehmen und selbstbestimmten Sex haben. Sex ist nicht der Feind. Sex ist auch kein Automatismus und kein Druckmittel, sondern freie Entscheidung. Das Gegenüber ist in dieser Haltung weder Selbstbedienungstheke noch Gefahr, sondern jemand, mit dem man eine sexuelle Begegnung gemeinsam so gestaltet, dass sie für alle Beteiligten möglichst schön ist. Für eine solche Sexualität haben die meisten Menschen nicht selbstverständlich die nötigen Fähigkeiten gelernt und sie ist im Patriarchat auch nicht die Norm. Im Mainstream wird vermittelt, dass wir gut im Bett sein sollen, dass Sex aus einem linearen Ablauf des wortlosen Vortastens entsteht und dass wir wissen sollen, was wir wollen. Sex ist demnach besonders geil, wenn er einfach „funktioniert". Ob diese Erwartung erfüllt wird, hängt in dieser Logik von Techniken, Attraktivität, Kompatibilität und Glück ab.

Consent-Modelle versuchen das umzudrehen, indem sie durch Regeln Sicherheit herstellen, das wortlose Vortasten und die Automatismen unterbrechen und so probieren, negative Erfahrungen zu verhindern.

Konsensualität nimmt Ideen der Konzepte des sexuellen Consent auf, begreift sie allerdings als ein *work in progress*, einen Prozess mit unendlichen Lernmöglichkeiten, die unseren Horizont erweitern. Konsensualität erfordert Kommunikation und Transparenz. Um sicherzugehen, dass die andere Person genießt, was man tut, muss man mit ihm*ihr kommunizieren. Aber auch die eigenen Grenzen und Wünsche können sich ändern. Statt etwas „durchzuziehen", was einmal beschlossen oder versprochen war, darf man Pausen machen und Pläne ändern, wenn sie sich nicht mehr gut anfühlen, sich Wünsche geändert haben oder neue Impulse aufkommen.

Statt weiterzumachen, bis ein Nein kommt, bedeutet Konsensualität die aktive Suche nach dem Ja, nach der freien Entscheidung und nach dem Wohlbefinden aller Beteiligten. Nicht, weil ich Angst habe, sonst Täter*in zu sein, frage ich. Ich meine es gut mit dir, also will ich wissen, was du magst! Das, was du nicht magst, lassen wir einfach sein. Niemand muss etwas tun, um der anderen Person einen Gefallen zu tun, es gibt genug Zeit und Ideen für Dinge, die alle Beteiligten genießen.

Sexualität, die sich am Wohlbefinden, an der Lust und an den Wünschen der beteiligten Personen orientiert und nicht an Normen, Pflichterfüllung und guter Performance, braucht natürlich ganz andere Fähigkeiten als das wortlose Vortasten.

Um sie zu lernen, sind dogmatische Regeln darüber, was man können muss und wie es richtig geht, weniger hilfreich als liebevolle Lernräume. Lernen braucht dabei natürlich klare Orientierung, gleichzeitig aber auch Fehlertoleranz und das kann ein Spannungsfeld sein. Diesen Spagat versuche ich in Workshops und Fortbildungen zu begleiten. Dabei stelle ich immer wieder fest, dass es zwar allgemeingültige Themen gibt, gleichzeitig der Weg hin zu einer selbstbestimmteren und einvernehmlicheren Sexualität aber immer auch ein individueller ist. Je nach Zielgruppe und Individuum muss man an sehr unterschiedlichen Stellen ansetzen. Lernerfolge beginnen unter Umständen bei der Aufklärung darüber, dass bewusstlose Personen grundsätzlich nicht einverstanden sein können, wenn man etwas mit ihnen macht, wie in dem bekannten Video der Thames Valley Police, in dem *consent* anhand von Teetrinken erklärt wird und das inzwischen in vielen Sprachen auf YouTube zu finden ist. Aber egal, wie der Vorwissenstand ist: In allen Gruppen, mit denen ich bisher gearbeitet habe, ist das Üben, Gefühle auszudrücken und Nein zu sagen, ein wichtiges Thema. Auch „alte Hasen" in queeren, feministischen und/oder sexpositiven Szenen können immer wieder für sich ausloten, wo sie denken, bestimmten Bildern entsprechen zu müssen, statt sich selbst zu fühlen, genauso wie langjährige Paare, die im besten Falle immer besser darüber sprechen lernen, dass sich Begehren und Bedürfnisse verändern.

Konsensualität ist deswegen nicht wie Konsens etwas, das entweder da ist oder nicht, sondern etwas, das sich immer weiterentwickelt und immer weiter erforscht werden kann. Konsensualität ist eine Haltung, die sich im Umgang miteinander und mit uns selbst ausdrückt, zu der wir immer weiter beitragen und die wir von anderen einfordern können. Es geht dabei darum, immer mehr hin zu freien Entscheidungen zu kommen und Hindernisse abzubauen, die uns daran hindern, selbstbestimmt zu leben, zu lieben und Lust zu erfahren. Neben der persönlichen Ebene, die ich in diesem Buch vor allem bespreche, hat das natürlich auch politisches Sprengpotential. Die Erweiterung der persönlichen Handlungs- und Entscheidungsfreiheit geht immer auch damit einher, gesellschaftliche Normen und Erwartungen infrage zu stellen und sich von ihnen zu emanzipieren, wodurch sie sich verändern können.

Statt mit strengen Regeln und Konzepten von richtig und falsch zu arbeiten, nutze ich lieber Bilder wie „Mosaiksteinchen" und „Zutaten", die zu Konsensualität beitragen. Einige davon sind dann vielleicht schon selbstverständlich, andere ganz neu. Während ein bestimmtes Mosaiksteinchen im großen Konsensbild für die eine Person weniger wichtig ist, ist es für eine andere absolut notwendig. Konsensuelle Sexualität ist dabei nichts, das man in einem Wochenendkurs lernt, sondern ein manchmal schmerzvoller, oft lustvoller Weg hin zu einer Sexualität, die wirklich zufriedenstellend ist und als authentisch erlebt wird.

Vielmehr als darum, wie man alles richtig macht, geht es dabei darum, konsensuelle Atmosphären zu schaffen, also ein Miteinander, in dem die Beteiligten sich so weit im Kontakt entspannen können, dass sie überhaupt in der Lage sind, wahrzunehmen, was sie (nicht) wollen, und sich trauen, das zu zeigen.

Konsensuelle Atmosphären erfordern eine Balance zwischen Handlungseinladung, also dem Signal „Du bist okay, wie du bist und es ist okay, wenn du deinen Impulsen folgst" einerseits und der Sicherheit vor unangenehmen Überraschungen oder gar Übergriffen andererseits.

## FREIHEIT UND SELBSTBESTIMMUNG

Im Diskurs um Konsens und Sexualität spielen die Begriffe Freiheit und Selbstbestimmung eine große Rolle. Ein sexueller Konsens kann nur dann als solcher gelten, wenn Entscheidungen frei und selbstbestimmt getroffen werden.

Das sollte vordergründig selbstverständlich sein, denn eine Zustimmung oder Vereinbarung, die nicht freiwillig entstanden ist, kann nicht als solche zählen.

Wenn wir aber beginnen, uns tiefer damit zu beschäftigen, was Freiheit und Selbstbestimmung eigentlich sind, erkennen wir schnell, dass die Sache komplizierter ist.

Selbstbestimmung setzt ein klares Selbst voraus sowie die Bereitschaft zu bestimmen, also Entscheidungen zu treffen und für die Entscheidungen und das Selbst einzustehen. Was aber ist dieses „Selbst"? Das Wort legt nahe, dass es da eine unveränderliche Essenz geben muss, gleichzeitig erleben wir, dass wir uns durch Lernerfahrungen und Lebensereignisse ständig verändern. Dieses „Selbst" ist außerdem facettenreich und oft erleben wir uns in verschiedenen Kontexten unterschiedlich und leben verschiedene Anteile unserer Persönlichkeit unterschiedlich stark aus. Es geht in der Beziehung zum Selbst also darum, sich, so wie man ist, besser kennenzulernen und anzunehmen, und gleichzeitig, sich als veränderbar zu erkennen und zu akzeptieren. Selbstbestimmung wäre demnach ein Einstehen für dieses Selbst bzw. ein Selbst, das kongruent zu seinen Bedürfnissen über das eigene Leben bestimmt, auch, wenn dieses Selbst nur eine Momentaufnahme ist. Selbstbestimmung wird oft einfach als das Gegenteil von Fremdbestimmung aufgefasst, aber die Abwesenheit von äußerem Druck und Zwängen führt nicht automatisch zu einem selbstbestimmten Lebensgefühl. Es ist möglich, dem Ideal der Selbstbestimmung sehr nahe zu kommen, aber dürfen wir erst Sex haben, wenn wir mit uns selbst total im Reinen sind? Das wäre ein fast unerfüllbares Hindernis und außerdem eine Unmöglichkeit; denn Sex zu erleben gehört für viele Menschen zur Erforschung und Entwicklung des Selbst dazu. Beides kann sich gegenseitig bedingen.

Ein ähnliches Problem ergibt sich mit der Forderung nach Freiheit.

Freiheit bedeutet zunächst einmal, frei entscheiden zu können, also unsanktionierte, gute Wahlmöglichkeiten zu haben. Wir tun dabei oft so, als wäre Freiheit entweder da oder nicht. Freiheit in diesem Sinne ist im echten Leben aber wohl selten hundertprozentig gegeben, denn Wahlmöglichkeiten sind von innen und außen begrenzt. Das geschieht durch andere Menschen und äußere Umstände, die nicht unbedingt gewaltförmig sein müssen. Und es geschieht durch innere Prozesse wie Ängste, Hemmungen und Unsicherheiten. Die verschiedenen Ebenen beeinflussen einander, sowohl negativ als auch positiv. Sozialisation und gesellschaftliche Erwartungen spielen eine große Rolle darin, welche Wahlmöglichkeiten wir für uns sehen.

Freiheit und Selbstbestimmung sind also Qualitäten, bei denen es sich lohnt, sie nicht absolut und binär zu betrachten (vorhanden oder nicht?), sondern als ein Spektrum, das, egal wo man steht, immer mehr erweitert werden kann. So teilt sich auch die Welt der konsensuellen Sexualität nicht in „Menschen, die *ES* drauf haben" und „Menschen, die *ES* nicht können" auf, sondern alle, die wollen, sind Teil einer Community von Lernenden, die sich gegenseitig unterstützen können und dadurch eine gemeinsame konsensuelle Kultur gestalten.

Von innen heraus lässt sich durch eine sich immer weiter verbessernde Beziehung zu sich selbst mehr Mut und Selbstsicherheit finden, sowie mehr Freude an Neuem. Das Erkennen und Loslassen von Glaubenssätzen und Gewohnheiten, die unsere Entfaltung behindern, ist ein wichtiger Teil davon.

Diese inneren Prozesse hin zu mehr Freiheit und Selbstbestimmung können aber natürlich auch von außen unterstützt werden. Durch Freundschaften, Beziehungen aller Art, Therapie, gute Workshops und Pädagog*innen, durch ein unterstützendes Umfeld, durch Selbstbestimmung unterstützende Gesetze, durch gemeinsame Auseinandersetzung mit gesellschaftlichen

Normen, durch politischen Aktivismus und Empowerment, durch Solidarität, durch Liebe.

Wichtig ist mir dabei, dass es bei diesen Prozessen nicht um das individuelle Projekt der Selbstoptimierung geht, das in die gleiche Kategorie fallen würde wie Bikini-Figur-Diäten, weil es suggeriert, dass wir erst dann gut genug sind, wenn wir uns verbessern. Mir geht es um einen Paradigmenwechsel, um die Gestaltung einer neuen sexuellen und gemeinschaftlichen Kultur. Es ist ein Akt der Emanzipation, lustvolle Fülle zu fordern, zu fördern, zu leben, ja, zu lernen, Fülle und Lust überhaupt erst einmal *denken* zu lernen und den Kampf nicht nur um die Abwesenheit von Mangel und Unterdrückung zu führen, und im nächsten Schritt zu lernen, zu Fülle und Lust bewusst beizutragen.

Konsensualität zu lernen bedeutet immer ein Lernen auf verschiedenen Ebenen. Ein wichtiger Teil davon ist, immer wieder Vorstellungen von Sex zu hinterfragen, die uns begrenzen.

## AKTIV UND PASSIV?

Beim sogenannten *Zustimmungskonzept* ist ein wichtiges Problem, dass es an klassische heterosexuelle Rollenbilder von klaren Aktiv-passiv-Strukturen ausgeht.

In der gängigen Vorstellung von sexuellem Konsens im Sinne eines *Zustimmungsprinzips* muss nämlich eine Person, die etwas tun will, die Person, mit der sie etwas machen möchte, um Erlaubnis bitten. Das geht grundsätzlich davon aus, dass es eine aktive und eine passive Person gibt und dass eine aktive Person weiß, was sie will. Eine passive Person ist dabei ein potentielles Opfer, auf das man Rücksicht nehmen muss. Aktiv sein bedeutet demnach also, sich etwas zu nehmen oder durchzusetzen und passiv sein bedeutet, etwas zuzulassen oder zu erdulden.

Ausgegangen wird dabei meist vom klassischen Heterosex. Ein Mann* hat immer Lust (zu haben) und eine anständige Frau* erlaubt oder erduldet Sex, obwohl sie tendenziell weniger Lust darauf hat. Ein verständnisvoller Mann* hat deswegen Rücksicht zu nehmen und eine emanzipierte Frau* soll wissen, was sie will. Die Bilder von dauergeilen und von Natur aus rücksichtslosen Männern* reichen natürlich auch in schwule Beziehungen hinein, genauso, wie die Vorstellung von Sex als etwas, das gefährlich und schambehaftet ist und als Liebesdienst gegeben wird, in lesbischen Beziehungen eine Rolle spielt. Die Vorstellung von Frauen* als aus sich heraus begehrende und evtl. sogar viel Sex wollende Subjekte ist weiterhin so schambehaftet, unerhört und furchteinflößend, dass sie in den Bereich der Pornographie oder Sexarbeit verschoben wird. Eine Schlampe ist zwar geil, aber keine, die mann* heiratet. Auch die Vorstellung vom Mann*, der nicht will, nicht kann oder eine sexuelle Begegnung nicht dominiert, ist mit so viel Scham besetzt, dass z. B. Männern*, die sexuelle Übergriffe erlebt haben, unterstellt wird, sie hätten es eigentlich genossen oder es könne sich nicht wirklich um einen Übergriff gehandelt haben, weil sie als Männer* Sex doch sowieso wollen würden und dabei wahllos seien.

Wenn das Ziel aber ist, uns von diesen Bildern zu befreien und Sex als etwas zu begreifen und zu erleben, das gegenseitig, freiwillig und aus Lust aktiv getan wird, wird auch die Frage nach Aktiv-passiv-Dynamiken komplexer. Denn die meisten, die schon einmal in der aktiven Rolle waren, wissen, dass man auch als aktiver Part das Gefühl dafür, was man selbst will, aus den Augen verlieren kann. Es kann passieren, dass man mit der Aufmerksamkeit nur noch bei den Bedürfnissen der anderen Person ist und versucht, deren Wünsche möglichst gut zu erfüllen. Hierbei kann ein enormer Druck entstehen, Angebote zu machen, kreativ und erotisch zu sein. Vor lauter Performance-Stress kann die eigene Lust völlig in den Hintergrund treten oder sogar verloren gehen. Auch ein aktiver Part kann Grenzverletzungen erleben, sich überfordert oder benutzt fühlen.

Andersherum kann eine passive Rolle eben auch ein großer Luxus sein. In einem konsensuellen Miteinander kann man als passiver Part ganz bei sich bleiben und auswählen, zu was man Ja und Nein sagt, ohne selbst Vorschläge machen zu müssen. Genießen pur.

Dr. Betty Martin beschäftigt sich damit, welche Dynamiken da entstehen. Die US-amerikanische Chiropraktikerin hat das sogenannte *wheel of consent* entwickelt. Hier geht es darum, sich darüber klar zu werden, für wen welche Handlung bestimmt ist. Sie stellt dabei einen interessanten Aspekt heraus: Jemand, der aktiv ist, kann sowohl gebend/dienend sein und eigene Bedürfnisse zugunsten der Wünsche der anderen Person zurückstellen, als als auch nehmend. Jemand, der passiv ist, kann demnach sowohl zulassend/erlaubend als auch empfangend/beschenkt sein.

Oft ist zu beobachten, dass alle Beteiligten denken, dass das, was gerade passiert, vor allem für die andere Person schön ist und sie es vor allem ihr*ihm zuliebe tun, so dass sie dabei bereit sind, gewisse Abstriche für sich selbst in Kauf zu nehmen.

Vielleicht machen sie so ein wenig länger weiter, als es ihrem eigenen Bedürfnis entspräche, oder lassen Berührungen zu, die nicht ganz so sind, wie es für die eigene Stimulation optimal wäre. Feedback zu geben, so denken viele, würde die

Stimmung kaputt machen und der anderen Person den Spaß verderben.

Wenn allerdings alle Beteiligten das, was sie tun, vorrangig für die andere Person machen, entsteht eine Dynamik, in der alle das Gefühl haben, selbstlos gewesen, eventuell ein wenig zu kurz gekommen zu sein und letztendlich vielleicht sogar Dankbarkeit zu verdienen. Die unterbewusste Wahrnehmung, dass irgendetwas nicht so richtig rund läuft, erhöht den Stress und auch die Enttäuschung.

Mit dem *wheel of consent* kann man üben, diese Rollen klarer abzusprechen und die darin enthaltenen Qualitäten zu erforschen. Dann kann man bewusst entscheiden, sowohl in der aktiven als auch der passiven Rolle gebend oder empfangend zu sein, und beide Qualitäten bewusst erforschen. Das ist einerseits eine Möglichkeit, Sexualität mit sehr klaren Rollen und sehr klaren Konsens-Absprachen zu erleben, anderseits hilft diese Übung auch dabei, Klarheit zu bewahren, wenn Sex nicht in deutliche Rollen aufgeteilt ist.

Betty Martin schlägt dazu als Übung das 3-Minuten-Spiel vor, in dem mit diesen verschiedenen Qualitäten von Geben und Nehmen aktiv und passiv experimentiert werden kann. Hierbei zeigt sich ein unerwartetes Problem: Genießen können ist etwas, das gar nicht selbstverständlich ist. Sich einfach zurückzulehnen und zuzulassen, von einer anderen Person verwöhnt zu werden, fällt den meisten Leuten, die Interesse an Einvernehmlichkeit haben, nämlich überhaupt nicht leicht. Es kann sich egoistisch und verboten anfühlen, manchmal sogar wie „Schulden machen". Vielleicht fühlt man sich auch sehr verletzlich und beobachtet, wenn man nicht durch Aktivität von sich ablenken kann und die andere Person einem die volle Aufmerksamkeit schenkt.

Genießen lernen und Geschenke annehmen zu können, sind aber logischerweise wichtige Aspekte von genussvollem Sex. Ohne, dass wir genießen lernen, kann uns auch niemand Genuss bereiten.

Natürlich gibt es außerdem auch Sex, der nicht klar in aktive und passive Rollen aufgeteilt ist. Man kann gemeinsam in Lust und Ekstase tauchen, Rollen können schnell wechseln, Handlungen können Aspekte von beidem haben. Damit das aber keine undifferenzierte Sauce wird, ist es wichtig, die Kunst des Balancierens auf der Grenze von Du und Ich zu üben.

Das Ziel ist dann, gleichzeitig ganz bei sich und ganz bei der anderen Person zu sein, ohne, dass die Grenzen unscharf werden. Dabei ist es nicht notwendig und oft auch nicht lange am Stück möglich, den perfekten Balancepunkt zu halten. Es geht um den bewussten Balanceakt als solchen, der eine Begegnung in Klarheit möglich macht und sogar ekstatische Zustände und genussvolles Verschwimmen der Trennlinien erlaubt, ohne dass es hinterher nicht mehr möglich wäre, wieder bei sich selbst anzukommen.

# MIR FEHLEN DIE WORTE

Ein wichtiger Aspekt von konsensuellem Sex ist klare Kommunikation. Oft wird im Kontext der Konsens-Diskurse gefordert, dass diese Kommunikation verbal sein soll, um Eindeutigkeit herzustellen.

Aber wie sollen wir beim Sex über Körper und Bedürfnisse reden, wenn wir keine ausreichenden oder schönen Wörter für unsere Körper(teile) und für die Dinge haben, die wir tun (wollen)?

Wenn wir dazu die Wörter, die uns zur Verfügung stehen, so selten nutzen, dass sie uns ungewohnt und umständlich erscheinen, fühlen sie sich fremd an, wenn wir sie brauchen. Auch deswegen reicht es nicht aus, mehr Reden zu *fordern;* wir müssen auch tolerante Räume und Atmosphären schaffen, in denen Ausprobieren erwünscht ist und Unsicherheiten existieren dürfen. Ob das in Workshops, politischen Räumen, dem Freundeskreis, der Liebesbeziehung oder allein vor dem Spiegel geschieht, ist zunächst zweitrangig, obwohl ich mir natürlich wünschen würde, dass wir in verschiedenen Kontexten eine Kultur entwickeln, die Sexualität, Körper und Menschen wertschätzt und *sprechbar* macht.

Welche Worte magst du für deine Genitalien?

Welche Worte benutzt du?

Welche Worte zur Benennung von Genitalien bringst du einem Kind bei oder würdest du dazu verwenden?

Welche Stellen am Körper gibt es, die du magst und für die du keine Worte hast?

Wenn wir lernen wollen, über unsere Körper, die Körper anderer und unsere körperlichen und oder sexuellen Bedürfnissen zu reden müssen wir uns

1. mit den existierenden Wörtern anfreunden oder

2. veraltete Worte wiederbeleben oderr

3. Bedeutungen verändern oder

4. „obszöne“ Worte mit Stolz benutzen oder

5. neue Worte erfinden oder

6. Worte aus anderen Sprachen übernehmen und

7. diese Worte häufiger benutzen um sie uns dadurch vertrauter zu machen.

1. „Vagina“, „Vulva“, „Klitoris“, „Penis“, „Schaft“, „Hoden“, „Anus“ etc. sind Wörter, die anatomisch korrekt beschreiben, was wir meinen. Für viele Menschen hören und fühlen sie sich zu medizinisch an. Wenn wir diese Wörter allerdings in sexy Situationen oder beim vertrauten Sprechen über Sex benutzen, kann sich das Gefühl dazu verändern und die Worte bekommen mehr Lebendigkeit. Möse, Muschi, Schwanz, Sack und Arsch sind Beispiele für nicht-medizinische Wörter, die häufig gebraucht werden. Oft haben Menschen zu diesen Wörtern sehr starke Gefühle von Vertrautheit oder Abneigung.

2. Das Wort „Schoß“ wird zwar heutzutage eher für die Oberseite der Beine beim Sitzen benutzt und bezeichnet die „Mitte des Leibes“ oder auch eine „hervorspringende dreieckige Ecke“ (Duden, Etymologie 1989), ist aber auch ein altes oder poetisches Wort für Vagina oder Vulva – die Kinder kommen z. B. aus dem Schoß der Mutter. Das Wort kann geschlechtsneutral für „den Bereich zwischen den Beinen“ genutzt werden und hat Konnotationen von Wärme und Geborgenheit. Andere alte und geschlechtsneutrale Wörter sind z. B. „Geschlecht“ und „Scham“.

3. „Scheide“ ist ein Wort, das viele nicht mögen, weil es wie „Vagina“ ursprünglich die Hülle des Schwertes bezeichnet. Eine Scheide – z. B. eine Wasserscheide – ist aber auch ein Ort, an dem sich etwas trennt. Die Scheide ist also der Bereich, an dem der Oberkörper sich in die Beine aufteilt oder die Venus-/Vulva- oder Schamlippen sich trennen. Wenn man es also nicht für die Vagina, sondern für die gesamte Vulva, bzw. „Spalte“ nutzt, hat es formal eine andere Bedeutung. Weitere Wörter mit demselben Wortstamm sind z. B. Entscheidung, Scheideweg, Scheiden, entscheidend. Wörter mit dem Wortstamm „scheiden“ sind oft kraftvoll und eben: *entschieden.*

4. „Fotze“ ist ein Wort, das für viele zu hart und zu hässlich konnotiert ist. Manche Menschen nutzen es aber mit Stolz, es ist ihnen z. B. wichtig, dass ihre Genitalien kräftige und deutliche Namen haben und nicht „weichgespült romantische“ Bezeichnungen. „Fotze“ wird wie „Sack“ und „Schwanz“ auch als Schimpfwort gebraucht. Genauso ist „Ficken“ ein Wort, an dem sich die Geister scheiden. Schimpfwörter mit Stolz für sich selbst zu benutzen und sie sich dadurch anzueignen ist in vielen Bereichen eine kraftvolle politische Strategie, z. B. als stolze Selbstbezeichnung von marginalisierten Gruppen, die zum Beispiel als Schwuchteln, Tunten, Krüppel, Nutten etc. beschimpft wurden und werden. Worte, die beleidigend benutzt werden, für andere zu benutzen ist natürlich niemals eine gute Idee, solange man nicht sicher weiß, dass die andere Person das explizit möchte. Als Selbstbezeichnung können sie aber große Kraft haben. Bei manchen Worten hat es sogar funktioniert, aus einem beleidigend gemeinten Wort einen stolzen oder neutralen Begriff zu machen und so die Macht der Erniedrigung zu brechen, so sind zum Beispiel „queer“, „schwul“ und „Lesbe“ ursprünglich Schimpfwörter gewesen. Auch das Wort „Fotze“ kann mit Stolz und Selbstermächtigung benutzt werden.

„Möse“ ist ebenfalls ein Wort, das für manche vulgär klingt, für andere selbstverständlich ist und weicher klingt als „Fotze“.

5. Es gibt zahlreiche familienspezifische und Kinderwörter, aus denen viele selbst schöpfen können: „Mumu", „Muschmusch", „Vorderpopo", „Schachtel", „Schlitz", „Popo", „Pimmel", „Schniedel(-wutz)", „Pillermann" … Und unzählige Möglichkeiten für eigene Kreationen! Für manche Leute haben diese Worte etwas peinlich Verschämtes, und sie würden sie niemals für erwachsene Genitalien benutzen. Für andere stehen sie für einen vertrauten liebevollen Umgang mit dem eigenen Körper.

Ein Wort, das Erwachsene erfunden haben, um ein geschlechtsneutrales Kinderwort für „den Ort, wo das Pipi rauskommt" zu haben, ist „Pipíchen"."

Viele Menschen benutzen für ihre Genitalien eigene Wortkreationen, die sie nur mit vertrauten Sex-Partner*innen teilen.

Auch Trans*menschen nutzen oft Wortneuschöpfungen für ihre Genitalien wie Dicklit, Mangina, Bonus-Hole, Girl-Cock etc.

Auch Veränderungen von bekannten Worten sind möglich: Charme-Lippen, Charme-Haare, Gehgut-Teile (statt Geschlechtsteile). Die Umbenennung der „Scham"-Lippen in Venuslippen oder Vulvalippen ist ein weiteres Beispiel für diese Strategie.

6. „Nippel" vom englischen „nipple" für Brustwarze zu benutzen ist inzwischen relativ verbreitet. Ob „Klit" eine Eindeutschung vom englischen „clit(oris)" oder eine deutsche Kurzform von Klitoris darstellt, ist wahrscheinlich egal.

Manche Menschen benutzen „Yoni" bzw. „Lingam" für die weiblichen bzw. männlichen Genitalien. Diese Worte kommen aus dem Sanskrit und werden besonders von Tantrapraktizierenden verwendet. Worte aus anderen Sprachen und Kulturkreisen zu verwenden bietet die Möglichkeit, sich neue Assoziationen zu eröffnen, eine weniger belastete Sprache und damit auch Zugänge zu einer freieren Sexualität zu finden. Gleichzeitig stellt das immer eine Interpretation dar, sowie die Aneignung von Ausschnitten einer Kultur, deren Kontext man nicht oder nur teilweise versteht und den man sich dadurch einfach romantisiert neu erfindet. Menschen, die aus dem kulturellen Kontext kommen, aus dem die Wörter übernommen werden, empfinden das oft als respektlos.

7. Egal, welche Worte wir wählen: Wir müssen sie benutzen, damit sie vertraut werden und uns leicht über die Lippen kommen! Gibt es Menschen, mit denen du über Sex sprichst? Auch allein kannst du einfach mal deine Lieblingsworte oder Favoriten vor dich hin sagen.

Es scheint leichter oder normaler, Worte für männliche Genitalien zu benutzen. Trotzdem bleibt das Problem, „schöne“ Worte zu finden und auch in sexuellen Situationen liebevoll über den eigenen Körper zu sprechen. Worte wie Schwanz oder Sack laden nicht so leicht zu sanften oder zärtlichen Impulsen ein.

Die meisten Worte für Genitalien sind entweder klar weiblich oder klar männlich. Das kann weder alle Körper noch alle Wahrnehmungen beschreiben.

Menschen, deren Genitalien und Körper nicht klar weiblich oder männlich sind, und auch Menschen, deren Genitalien sich zwar nach gängigen Kriterien so einordnen ließen, für die sich das aber nicht passend anfühlt, weil das ihrer Geschlechtsidentität und Körperwahrnehmung nicht entspricht, brauchen ebenfalls eindeutige und schöne Worte für ihre Körper. Ich glaube, dass alle Menschen von mehr geschlechtsneutralen Bezeichnungen für Genitalien profitieren würden, denn an den Bezeichnungen, die wir kennen, hängen immer auch Assoziationen dazu, was diese Genitalien für Bedürfnisse und Funktionen haben (sollen), was also von ihnen erwartet wird. Das schränkt die Möglichkeiten für Erfahrungen gravierend ein.

Alles, was ich über Genitalien geschrieben habe, gilt auch für Aktivitäten.

Wenn das Wort „ficken“ bzw. „fuck“ gleichzeitig auch für zerstören oder vernichten benutzt wird, sagt das auch etwas über unser Bild von penetrativem Sex, von Macht- und Rollenverteilung aus.

„*I am totally fucked*“ sollte eigentlich bedeuten: „Ich bin glücklich und entspannt, fühle mich wertgeschätzt und strahle“.

Und nach einem Cunnilingus (Oralsex an einer Vulva) zu fragen klingt leider so medizinisch, als würde es sich um eine ansteckende Krankheit handeln.

Es gibt außerdem einen großen Bereich von wunderschönen Körperteilen, die außerhalb von medizinischen Kontexten namenlos bleiben. Wie heißt z. B. diese Kuhle im Becken, die sich bildet, wenn man auf der Seite liegt? Oder das Ende vom Schulterblatt, dort, wo es hervorsteht, wenn man den Arm nach hinten bewegt? Oder da, wo der Hals in den Oberkörper übergeht? Der Übergang vom Venushügel zu Vulva? Haben wir unbelastete wertschätzende Worte für Speckfalten? Es wäre schön, auch diese Stellen benennen zu können. Dadurch, dass einige Körperteile Namen haben, andere aber nicht, ordnen wir sie unbewusst in wichtig und unwichtig ein.

Wortlosigkeit ist ein Kreislauf: Aus Scham bekommen wir keine oder zu wenige schöne Wörter beigebracht. Weil wir keine oder nur ungewohnte oder hässliche Worte haben, fühlt es sich verschämt an, sie zu benutzen. Durch die mangelnde Selbstverständlichkeit vermitteln wir uns selbst und anderen, dass es etwas Peinliches ist, über Sex und Genitalien zu sprechen. Also vermeiden wir schamhaft den Bereich der Sprache, statt ihn uns anzueignen und – schwupp – geht das Spiel in die nächste Generation. Das hat natürlich auch Auswirkungen auf die Beziehung zu Körper und Sexualität. Etwas, über das man nicht sprechen kann oder darf, ist irgendwie dubios und verboten. Schlimmer noch: Das wofür wir keine Worte haben können wir auch schlechter denken! Freie und selbstbewusst gelebte Sexualität geht also nicht ohne Sprache! Nur Vergewaltigungskultur profitiert von unserer Unfähigkeit, uns selbstbewusst und selbstverständlich auszudrücken.

Mit Sprache zu experimentieren, sich auszutauschen und trotz des unbehaglichen Gefühls des Ungewohnten weiter auszuprobieren, und weiter zu sprechen ist deswegen wichtig. Sprechen über Körper und Sex zu enttabuisieren sind wesentliche Aspekte der Selbstermächtigung in einer lustfeindlichen Umgebung und müssen wichtige Teile von Präventionsarbeit sein.

Sprache zu finden ist aber auch wichtig für den Bereich des Wünschens und Vorschläge-Machens. Wenn ich keine schönen Worte für das kenne, was ich gerne machen würde, kann ich auch schlecht danach fragen. Schöne Erfahrungen zu machen wird wahrscheinlicher, wenn wir ausdrücken können, was sich gut anfühlt. Zuguterletzt ist es auch noch wichtig, wie man Fragen formuliert. Zu Recht sind einige Teilnehmerinnen* meiner Workshops von „rücksichtsvollen Fragen“ genervt. Denn die Art der Frage macht viel aus. Wenn man z. B. formuliert: „Darf ich deinen Bauch küssen“ fragt man damit ja nicht nur, ob die andere Person das möchte, sondern sagt damit auch, dass man das gerne tun würde. Man fragt um Erlaubnis, seinem Impuls und Begehren zu folgen und macht sich damit transparent. Das kann sehr sexy sein und zeigt, dass man Verantwortung für Impulse und Wünsche übernimmt. Wenn man dagegen formuliert: “Was willst du?“ oder „Willst du, dass ich deinen Bauch küsse?“, gibt man die Verantwortung an die andere Person ab, die dann nicht weiß, ob die fragende Person das eigentlich auch will, oder ob sie vermutet, dass die gefragte Person das will und es erfüllen würde ohne es selbst zu wollen. In solchen Formulierungen hält sich die fragende Person mit den eigenen Motiven und Wünschen bedeckt. Sag mir, was du willst, oute dich mit deinen Phantasien und deinem Begehren, ich halte mich zurück. In einer heterosexuellen Konstellation erweckt das schnell das Gefühl, dass sich ein fragender Mann* rücksichtsvoll zurücknimmt, um einer Frau* den Vortritt zu lassen. Was vielleicht gut gemeint ist, fühlt sich schnell nicht ebenbürtig an, sondern wie eine Kavaliersgeste oder sogar wie eine Vorschusszahlung, bevor er sich dann „seinen Teil“ nehmen will. Durch unklare Kommunikation und eine „Zurückhaltung“ entstehen wieder Unsicherheiten. Und während sich die eine Seite dabei ganz „rücksichtsvoll“ fühlen kann, hat nun heimlich die andere Person alle Verantwortung aufgehalst bekommen. Wenn ich mich mit meinen Motiven und Wünschen bedeckt halte, muss ich nicht zu meinen peinlichen Impulsen stehen und kann mich hinter dem „Service“ für die andere Person verstecken. Was für ein guter Mensch ich doch bin! Nur leider ist es auch feige und unfair, wenn ich von der anderen Person erwarte, die gesamte Begegnung zu lenken, ohne mein eigenes Begehren zu zeigen. Wenn ich dabei glaube, mich zurückhalten zu müssen um die andere Person nicht zu überfordern, signalisiere ich gleichzeitig, dass ich der anderen Person nicht zutraue, auf Augenhöhe mit mir zu verhandeln. Wenn eine Person denkt, sich kleinmachen zu müssen, um sich auf mein Niveau zu begeben, ist es kein Wunder, dass ich mich bevormundet oder abgewertet fühle. Die gedachte Hierarchie von potentiellem Täter und Opfer wird hier unbewusst zementiert. Ebenbürtigkeit denken und fühlen zu können will geübt sein. Vorsicht ist in jedem Kennenlernen angebracht, unabgesprochene Unterstellungen nicht. Wenn ich möchte, dass sich eine andere Person bei mir verletzlich zeigen und Grenzen setzen kann, muss auch ich mich trauen, zu meiner eigenen Verletzlichkeit und meinen eigenen Grenzen zu stehen, auch verbal.

Leicht führt eine Kommunikation, die mit den eigenen Impulsen intransparent umgeht, in „aber nur wenn du willst" – „ja, wenn *du* willst"-Diskussionen, die nur selten zu mehr Klarheit und Lust beitragen. Für wen machen wir das Ganze eigentlich?

Andere Formulierungen könnten sein: „Ich würde gerne deinen Bauch küssen. Was hältst du davon?" „Ich würde gerne mal probieren, wie es sich anfühlt, deinen Bauch zu küssen. Darf ich?" oder auch „Ich hab total Lust auf dich, aber irgendwie bin ich unsicher, was ich gerne tun möchte, hast du einen Vorschlag?" und wie wäre es mit: „Hast du vielleicht Lust, meinen Bauch zu küssen?"

Zu sich selbst zu stehen ist sexy und kann andere einladen, das auch zu tun. Dinge als Einladung zu formulieren hilft, der anderen Person zu signalisieren, dass sie frei entscheiden kann. Fragst du nur aus Angst, dass du etwas falsch machst? Fragen sind anders, wenn sie aus Neugier gestellt werden und aus Freude daran, die andere Person, ihre Lust und ihren besser kennenzulernen. Mit dem Ziel, gemeinsam etwas Schönes zu erleben.

## VERBAL UND NONVERBAL

Nun ist es zwar ohne jeden Zweifel sinnvoll und notwendig, das Sprechen über Körper, Bedürfnisse und Begehren zu üben und zwar so lange und immer wieder, bis es zur Selbstverständlichkeit wird. Es eröffnet uns selbst Freiräume und anderen Menschen im Kontakt mit uns Sicherheit, wenn wir in der Lage sind, uns auszudrücken und verständlich zu machen.

Die Vorstellung jedoch, dass durch Sprache Kommunikation automatisch klar und eindeutig wird, halte ich leider für einen gefährlichen Trugschluss und einen akademischen Wunschtraum. Denn selbstverständlich kann jede*r jederzeit Ja zu etwas sagen, was sich eigentlich nicht gut anfühlt, und zwar aus genau denselben Gründen, warum man etwas wortlos mitmachen oder über sich ergehen lassen kann: aus Unsicherheit oder Unerfahrenheit und aus Angst davor, jemanden zu verletzen, die Stimmung kaputt zu machen oder sich rechtfertigen zu müssen. Menschen gehen über ihre Grenzen aus dem Wunsch heraus, einem bestimmten Selbstbild oder Ideal zu entsprechen oder cool gefunden zu werden; um darüber hinweg zu spielen, dass im Moment gar kein Gefühl da ist, aber die Hoffnung, dass es wieder kommt. Sie glauben, Bilder von „gutem Sex" erfüllen zu müssen: weil „man das so macht". Sie machen etwas mit, das sie eigentlich nicht begeistert, um sich nicht verletzlich zu zeigen; um die Beziehung zu behalten; um sich nicht erklären zu müssen. Oder sie lassen sich aus Neugier auf etwas ein, das ihnen dann zu viel ist oder ihnen nicht entspricht. Es gibt sehr viele Gründe dafür, Ja zu etwas zu sagen, was sich nicht gut anfühlt.

Es ist wichtig, immer wieder darauf hinzuweisen, dass es nicht ausreicht, sich auf non-verbale Kommunikation zu verlassen, weil dort so viel Spielraum für Missverständnisse und Unsicherheit ist, dass in den Grauzonen leicht Unfälle passieren. Gleichzeitig ist non-verbale Kommunikation eine Ebene, ohne die sexuelle Kommunikation nicht funktioniert. Wenn jemand zwar Ja sagt, aber unentspannt und gestresst wirkt, kann die verbale Ebene nicht die einzige sein, auf die geachtet wird. Im Konzept des *enthusiastic consent* wird versucht, das zu berücksichtigen. Dort wird gefordert, dass verbale Kommunikation und Körpersprache kongruent zueinander sein sollten, um von Zustimmung ausgehen zu können. Eine formale Einverständniserklärung reicht eben nicht aus. Zustimmung soll in diesem Konzept enthusiastisch sein und sich daher auch im Körper ablesen lassen.

Für einvernehmlichen Sex ist es unumgänglich, auch zu lernen, unserer Intuition und unserer Körperwahrnehmung zu trauen und einen Umgang damit zu finden, wenn sich verbale und körperliche Kommunikation widersprechen. Für das konsensuelle Miteinander ist es deswegen notwendig, auf verschiedenen Ebenen achtsame und wertschätzende Kommunikation zu üben. Auch auf der non-verbalen Ebene lässt sich Klarheit im Ausdruck und im Verstehen durch Übung verbessern. Erfreulicherweise ist für ein Gelingen dabei aber nicht Perfektion entscheidend, sondern viel mehr die praktizierte Intention. Ich muss nicht immer perfekte Sätze bilden, Körpersprache lesen können oder einwandfrei deutliche Signale senden. Der aufrichtige Versuch, klar zu kommunizieren, und die Möglichkeit, bei Unklarheiten nachzufragen, tragen maßgeblich zur Atmosphäre bei, auch wenn wir unsicher sind. Essentiell ist die Bereitschaft, sich darauf einzulassen, achtsam mit sich und anderen umgehen zu lernen und Verantwortung für die gemeinsame Interaktion zu übernehmen. Es geht darum, sich selbst als gestaltend wahrzunehmen, anstatt Sex als etwas anzusehen, das einfach passiert. Genau genommen *haben* wir keinen Sex, so wie wir einen Schreck oder eine Erkältung haben. Wir *machen* Sex, so wie wir auch andere Aktivitäten in unserem Leben aktiv *machen*. Einvernehmlicher Sex ist nichts, das uns zustößt. Sex ist keine übermächtige Naturgewalt. Wir sind den Gezeiten nicht hilflos ausgeliefert, sondern wir surfen, tauchen, schwimmen oder entscheiden, dass wir heute lieber am Ufer bleiben.

Und dann ist es zwar so, dass Sprechen, Fragen und deutliche, verbale Antworten zu bekommen für viele Menschen Sex klarer und sicherer machen, Sprechen während des Sex aber für einige Menschen wirklich gar nicht funktioniert. Achtung: Damit meine ich nicht das unbehagliche Gefühl, wenn Sprechen über Sex und Körper einfach neu, ungewohnt und „peinlich“ ist!

Manche Menschen können zwar gut über Sex und während des Sex verbal kommunizieren, bevorzugen aber trotzdem nonverbale Kommunikation während des Sex, weil sie so besser präsent und im Fühlen bleiben können. Und auch Menschen, die keine gemeinsame flüssig gesprochene Sprache teilen, können einvernehmlichen Sex haben. Wenn wir das mit der Konsensualität ernst meinen, muss sich das Prinzip in verschiedene Kontexte übertragen lassen. Wenn es nur für nicht-behinderte, gebildete, gleich privilegierte Menschen funktioniert, die aus demselben Sprachraum, Kulturkreis und derselben Klasse kommen, können wir das Konzept gleich in den Müll werfen. Ein Prinzip, das nur für einen winzigen Ausschnitt der Gesellschaft funktionieren kann, taugt nicht als Prinzip.

Auch im Bereich des BDSM gibt es viele Spielarten, bei denen Sprechen störend wäre oder gar nicht möglich ist. Wie wird hier versucht, dem Anspruch auf klare Kommunikation gerecht zu werden?

Im BDSM gehört zu Konsensualität, vor einem Spiel klare Vereinbarungen zu treffen, idealerweise auch anschließend das Erlebte nachzubesprechen und dafür zu sorgen, dass alle Beteiligten gut wieder aus ihren Rollen hinausfinden, sei es durch Wasser trinken, kuscheln oder sprechen. Meist geht es beim Vorgespräch aber nicht darum, einen minutiösen Ablaufplan festzulegen, sondern eher darum, einen Rahmen mit No-gos, Wünschen, Ideen und Absprachen zur Kommunikation abzustecken und Erfahrungslevel abzufragen. Innerhalb dieses Rahmens bleibt dann Raum für Improvisation. Da den meisten Menschen, die BDSM praktizieren, klar ist, dass man dabei ein gewisses Risiko eingeht, dass Grenzverletzungen passieren können und es oft ein gespieltes Machtgefälle gibt, ist klare Kommunikation über Wünsche und Grenzen unter verantwortungsbewussten BDSM-Praktizierenden selbstverständlich. In diesem Bereich gibt es weniger Vorstellungen von vorgefertigten Abläufen, also davon „wie es geht“, sondern mannigfaltige Phantasien und Vorlieben, die nicht als selbstverständlich vorausgesetzt werden können und deswegen besprochen werden müssen. Dieselbe Handlung kann außerdem völlig unterschiedlich konnotiert oder aufgeladen werden. Jemanden zu küssen kann z. B. ein Betteln um mehr, eine Unterwerfungsgeste, ein Tanz auf Augenhöhe, ein Trösten oder eine Machtdemonstration sein. In Sexualität ohne BDSM-Bezug gibt es dieses Bewusstsein oft nicht, weil wir durch Medien und Aufklärungsunterricht Handlungsskripte und deren Bedeutungen viel stärker im Kopf haben. Zu diesen Skripten gehört, dass „guter Sex" meist wortlos dargestellt wird, als ein quasi mystisches Erlebnis, in dem die Beteiligten das Gleiche gleichzeitig auf dieselbe Weise wollen und sich eine lineare Dynamik automatisch ergibt, die von Flirten zu Knutschen über Fummeln zu Geschlechtsverkehr verläuft. Um tatsächlich ein Flow-Erlebnis zu haben, braucht es aber auch ein Einlassen und Loslassen und dafür wiederum sind Vertrauen und das Gefühl von Sicherheit oft die Voraussetzung. Vorgefertigte Skripte scheinen diese Sicherheit zu gewährleisten. Gleichzeitig erzeugen sie Druck, diesen Bildern zu entsprechen. Oft brauchen Menschen sehr viel Lebenszeit und Erfahrungen, bis sie verstehen, dass der wortlos perfekt funktionierende Sex nicht die Norm ist und Sex von Kreativität, Kommunikation und dem Zulassen von Unsicherheit profitiert. „Schema F" mag zwar eine Weile funktionieren, aber spannend bleibt Sex so nicht.

Auch für überwiegend non-verbalen Sex gilt: Wenn ich mir nicht sicher bin, wie ich eine Botschaft deuten soll, frage ich nach. Wenn ich mich vergewissern will, ob meine Wahrnehmung oder Interpretation passt, frage ich nach und das lieber einmal zu viel. Wenn ich andersherum will, dass jemand mich non-verbal versteht, versuche ich, möglichst deutliche Zeichen zu geben, damit die andere Person sich sicher fühlt und möglichst wenig Missverständnisse aufkommen.

Und wenn eine der beteiligten Personen verbale Klarheit braucht, dann ist das ein Fakt, der nicht wegzudiskutieren ist und der respektiert wird. Wo Sprechen nötig ist, wird non-verbal niemals ein Flow entstehen.

Wenn wir non-verbale Kommunikation nicht nur als Ergänzung, sondern als ernstzunehmende Alternative zu verbaler

Kommunikation betrachten, wird auch deutlich, dass wir hier genauso lernen können und müssen, uns klar auszudrücken und aufmerksam zuzuhören. Wir können unsere eigene Körpersprache beobachten, feststellen, wo es zu Missverständnissen kommt, und unsere Ausdrucksweise verfeinern und klarer machen. Ebenso können wir üben, unsere Antennen auszurichten und auf die Körpersprache anderer Menschen zu achten. Wir können anfangen, unsere Wahrnehmung verbal mit der anderen Person abzugleichen und so unsere „Messinstrumente" immer genauer zu justieren. Gleichzeitig bekommt die andere Person ein Feedback darüber, wie ihre Signale ankommen, und kann ihren non-verbalen Ausdruck verfeinern. Wir können lernen, Störgefühle ernstzunehmen und Klarheit zu fordern. Auch Körpersprache will gelernt sein und jede Person hat ihren ganz eigenen Dialekt.

Im BDSM gibt es zudem verschiedene Möglichkeiten der non-verbalen Kommunikation, wie das Ampelsystem mit Rot, Gelb und Grün, das ein schnelles Feedback dazu liefern kann, wie wohl sich jemand gerade fühlt, oder der Gebrauch von Safewords, also vereinbarten Worten, die ein Spiel sofort stoppen.

Natürlich kann auch ohne BDSM-Anteile Sex vor- und nachbesprochen werden, auch hier kann während des Sex ausgehandelt, Pausen gemacht und nachjustiert werden. So entsteht Vertrauen und dadurch auch der Raum für Experimente.

Konsensualität bedeutet, freie Vereinbarungen treffen zu können. Dazu muss unbedingt auch die freie Entscheidung über die Art der Kommunikation gehören. Niemand kann jemand anderem vorschreiben, wie er oder sie beim Sex kommunizieren soll. Auf Sprache zu verzichten, muss daher eine legitime Wahl sein. Damit etwas eine wirklich freie Wahl ist, braucht man allerdings Wahlmöglichkeiten. Wer aus Mangel an Alternativen stumm bleibt, hat sich nicht frei entscheiden können. Ohne das Verbalisieren zu lernen ist non-verbale Kommunikation eben auch immer ein Ausweichen. Wenn wir verschiedene Arten von Kommunikation flüssig beherrschen, wird der Wechsel der Kommunikationsebene geschmeidiger und unkomplizierter.

# NUR SEX

Ein Teilnehmer stellte mir nach einem Workshop die Frage: „Behandle ich eine Frau schlecht, wenn ich nur Sex von ihr will?"

Und ich fragte mich: Warum „nur"? Sex ist etwas Großartiges, Schönes. Eine Art von Kommunikation, Abenteuer, Spiel, Genuss, Ekstase und Nähe … Warum „nur"?

In unserer Gesellschaft existieren Vorstellungen, in denen moralisch akzeptabler Sex mit Intimität und Nähe gleichgesetzt wird, und Intimität und Nähe mit jemandem zu haben bedeutet, für diese Person emotional und traditionell auch materiell verantwortlich zu sein. Traditionell ist Sex nur innerhalb einer Ehe, moderner gefasst auch innerhalb einer auf Langfristigkeit angelegten Liebesbeziehung legitim.

Diese Idee ist verknüpft mit Bildern von heterosexuellen Dynamiken: Darin wollen Männer* Sex, Frauen* nicht, sondern *eigentlich* emotionale Nähe, die Männern* wiederum angeblich nicht wichtig ist. Außerdem brauchen in diesem Bild Frauen* Männer* für ihre materielle und soziale Sicherheit; Männer* schaffen sich diese selbst. Daraus entsteht ein Handel: Wenn Männer* durch Frauen* Sex und einen höheren Status bekommen, eventuell Kinder, eventuell auch eine gratis Therapeut*in und Haushälter*in, erhalten Frauen* von Männern* dafür materielle Sicherheit, Status und Fürsorge und können außerdem ein Recht auf emotionale Nähe und Exklusivität einfordern.

Wie bei jedem Handel kann es natürlich auch in diesem Austausch dazu kommen, dass eine Seite versucht, die andere „auszutricksen", und den Teil der Abmachung, den er*sie nicht so toll findet, zu umgehen. Beispielsweise können Männer* versuchen, nur Sex zu kriegen und die Frau* dann ohne adäquate Gegenleistung zurücklassen, woraufhin diese sich natürlich zu Recht schlecht behandelt fühlt. In der Logik dieses heterosexuellen Tauschhandels wäre es aber auch unfair von Frauen*, nach der Eheschließung keinen Sex mehr zuzulassen, da sie durch ihr vertraglich festgelegtes Recht auf Monogamie den Mann* durch eine Ehe in die Falle gelockt hätten, der wiederum davon ausgehen konnte, ihm stünde im Austausch für die Gewährung von materieller Sicherheit und Status Sex zu.

Penetriert zu werden gilt außerdem tendenziell als Erniedrigung, die nur dadurch aufgewertet wird, wenn sie innerhalb einer festen Beziehung geschieht. „Ich ficke deine Mutter" sollte eigentlich bedeuten: „Deine Mutter ist eine attraktive Frau und ich schätze mich glücklich, mit ihr Sex haben zu dürfen." Sowohl die Person, die so etwas sagt, als auch die Person, um deren Mutter es geht, scheinen wiederum anzunehmen, dass die Mutter kein Mitspracherecht hat, also „ficken" und „vergewaltigen" dasselbe wäre. Ich wünsche mir immer, wenn ich einen solchen Spruch höre, dass da eine Mutter mit erhobenem Hausschuh in der Hand um die Ecke kommt und sagt: „Das hättest du wohl gerne!" und Mutter und Sohn Arm in Arm darüber einfach herzlich lachen.

Denn natürlich sind diese Machtfantasien Ausdruck einer komplett hilflosen Männlichkeit, die Unsicherheit mit Gewalt zu kompensieren versucht und die lächerlich wäre, wären wir nicht ständig real mit ihr konfrontiert. Sie ist für den Großteil der Menschheit – Frauen*, Kinder, alle, die nicht in Geschlechterstereotype fallen und auch einen Großteil der Männer* – tagtägliche Bedrohung.

Wenn wir Sex auf diese Weise betrachten, ist es für einen Mann* natürlich nicht in Ordnung, mit einer Frau* *nur* Sex zu wollen, denn das würde bedeuten, sie auszunutzen. Als Frau* wiederum ist es gefährlich, *nur* Sex zu wollen, denn das Stigma, ein Flittchen zu sein, kann immer noch in vielen Zusammenhängen den sozialen Ruin bedeuten.

Nachdem ich diese Bilder gemalt habe, treten wir einen Schritt zurück um sie uns anzuschauen.

Ich teile hier so klassisch in Männer* und Frauen* auf, weil die Bilder, mit denen wir sozialisiert sind, in nur zwei Geschlechterrollen funktionieren. Auch wenn wir nicht in diesen Rollen leben, weil wir zum Beispiel trans*, nicht-binär und/oder nicht heterosexuell sind, haben diese Bilder Einfluss auf unser Denken und Handeln.

Nur Sex mit jemandem zu wollen kann etwas Sexistisches, Degradierendes sein, wenn wir die andere Person ausschließlich als Objekt betrachten, an dem wir unsere Lust befriedigen können, und das Wohlergehen und die Bedürfnisse der anderen Person keinen Einfluss auf unser Handeln haben. Das muss aber nicht so sein, wenn ich den anderen Menschen als Individuum anerkenne und eine einvernehmliche Begegnung anstrebe, in der wir gemeinsam Dinge tun, die uns beiden Spaß machen. Ist der Spaß der einen Person davon abhängig, ob die andere Person auch Spaß und Wahlmöglichkeiten hat, oder ist das irrelevant? Das ist für mich ein sehr wesentliches Kriterium, um zwischen einer respektvollen und einer ausnutzenden Begegnung zu unterscheiden. Auch auf der emotionalen Ebene klar zu kommunizieren und Bedürfnisse abzugleichen ist wichtig. Ausschließlich Sex zu wollen, während sich die andere Person eine Liebesbeziehung mit Verbindlichkeit wünscht, führt natürlich zu einer Schieflage. Diese verschwindet aber nicht, wenn wir darüber nicht kommunizieren oder gar versuchen, so zu tun, als würden die Bedürfnisse zusammenpassen.

Es gibt viele verschiedene Ebenen von Miteinander, auf denen Bedürfnisse von Menschen gut oder schlecht zusammenpassen können: Humor, Sex, Lieblingshobbys, Reden, Arbeiten, Kindheitsthemen, gemeinsame Erinnerungen, Musik, Kreativität, Sport, politische Einstellungen, Spiritualität, Ziele und Wünsche im Leben, gemeinsame Projekte, nicht sexueller Körperkontakt, BDSM, Tempo und Art, den Alltag zu gestalten, Ernährungsgewohnheiten, Drogenkonsum, Körpersprache, Stressbewältigungsstrategien … Selten treffen wir uns auf allen Ebenen mit der gleichen Person. Wir kennen das eigentlich meistens aus Freundschaften, Arbeitskontexten, Familie und Bekanntschaften, vergessen aber oft, dieses Wissen auf Beziehungen mit Sex zu übertragen. In einer Welt, die Sex und Einvernehmlichkeit wertschätzt, sollte *„I am totally fucked!“* eigentlich bedeuten: „Mir geht es wunderbar, ich leuchte von innen und bin voller Glückshormone. Ich fühle mich entspannt und wertgeschätzt."

Nichts ist falsch daran, mit einer Person „nur" toll tanzen zu können, ein super Team auf der Arbeit zu sein oder sich auf Nachbar*innen total verlassen zu können, denen man nichts aus seiner Kindheit erzählen will. Meist wird daraus keine emotional besonders enge Verbindung. In der Regel brauchen wir mehrere zusammenpassende Ebenen, um gute Freundschaften oder Liebesbeziehungen aufzubauen. Dabei können in Freundschaften mehr Ebenen passen als in romantischen Verbindungen. Es ist absurd zu sagen, mit jemandem sei man „nur" befreundet, besonders, wenn Freundschaften länger halten als Liebesbeziehungen. Bei vielen Menschen sind Freundschaften lebenslange Begleitung. Genauso wenig ist es schlimm, mit jemandem „nur" Sex zu wollen oder ein sexuelles Interesse als ersten Impuls ernst zu nehmen um auf eine Person zuzugehen. Es ist auch nichts falsch daran, mit einer Person tollen Sex zu haben, mit der man sich sonst nichts zu sagen hat, oder sich einer Person emotional extrem nah zu fühlen, mit der man sexuell überhaupt nicht kompatibel ist.

Jemanden schlecht zu behandeln fängt dort an, wo nicht ehrlich damit umgegangen wird, welche Ebenen passen und welche nicht. Somit gaukelt man der anderen Person und vielleicht auch sich selbst etwas vor, was nicht da ist. Weil Menschen denken, dass sie selbstverständlich eine Liebesbeziehung haben müssen, wenn sie schon zweimal großartigen Sex hatten oder sie natürlich monogam und in Partnerschaft sind, wenn sie voreinander über ihre blöde Kindheit geheult haben, der Sex aber halt keinen Spaß macht. Nach meiner Beobachtung versuchen die meisten von uns, sich selbst und andere in ein Bild, das sie von Beziehung haben hineinzupressen, ohne dabei wirklich zu schauen, wie die Bedürfnisse der Beteiligten sind. Im Gegenteil scheint es oft ein „Beweis" dafür zu sein, dass „es halt nicht passt", wenn wir das gegenseitige Bild von Beziehung nicht erfüllen. Manchmal ist das sicher so, manchmal vergessen wir dabei, dass wir uns auch als Individuen begegnen könnten, die sich füreinander interessieren. Dann können wir versuchen, gemeinsam eine Beziehung aufzubauen, deren Form den Bedürfnissen der Beteiligten entspricht.

In diesem Zusammenhang möchte ich sogar soweit gehen und die Logik andersherum aufziehen: Wenn ich weiß, dass eine andere Person mich vor allem sexuell interessiert und ich dann stundenlang mit ihr über Kindheit, Zukunftspläne und Beziehungen rede, das alles aber nur als Weg zu Sex tue – *dann* behandle ich die andere Person schlecht, weil ich nicht ehrlich bin und ich sie nicht aus authentischem Interesse weitergehend kennenlerne, sondern als Mittel zum Zweck.

Wenn wir miteinander emotionale Verbindlichkeit aufbauen, ohne diese eigentlich zu wollen, stecken wir auf einmal in einer Beziehung und fragen uns, wie wir da wieder herauskommen. Auch das bedeutet für mich, jemanden schlecht zu behandeln.

Wenn man sich nach zwei Jahren Beziehung trennt und ehrlicherweise zugeben müsste: „Eigentlich wollte ich ja nur ein paar mal mit dir vögeln. Das war ja auch wirklich sehr schön. Aber den Rest hätten wir uns sparen können. Eigentlich wusste ich das auch schon vorher." – das ist für mich, jemanden schlecht zu behandeln. Dann hat man nicht nur die andere Person schlecht behandelt, sondern auch sich selbst. Wahrscheinlich hat man das dann sogar in der besten Absicht getan oder auch nur, weil man gar keine Vorstellung davon hatte, dass es auch andere Wege geben könnte.

Dass ein ehrlicher Kontakt zustande kommen kann, in dem wirklich verhandelt werden kann, was für wen passt, setzt natürlich Ebenbürtigkeit voraus. Wenn es zwischen den beteiligten Personen starke Machtgefälle, Statusunterschiede oder Abhängigkeiten gibt, durch die eine der beteiligten Personen nicht oder nur unzureichend in der Lage ist, für sich selbst zu sorgen oder freie Entscheidungen zu treffen, sind die Bedingungen für eine authentische Begegnung, wie ich sie beschrieben habe, möglicherweise nicht gegeben und auch das muss bedacht und kommuniziert werden.

Flirten wird oft als eine Art Jagd dargestellt. Verführung ist dabei im eigentlichen Sinne die Überredung einer Person, die ursprünglich nicht wollte oder noch unsicher darüber ist, was sie will. Konsequent weitergedacht geht es dann also darum, „Beute“ zu machen, jemanden herumzukriegen, Erfolg zu haben. Es geht um Gewinnen und Verlieren. Die Beute ist unterlegen, der Jäger hat sein Ego aufpoliert. Geschlechtsverkehr ist dann die ultimative Beherrschungs- und Unterwerfungshandlung. Wer gefickt wird, hat verloren. Wer fickt, hat eine Trophäe gesammelt und jemanden unterworfen. Das klassische Bild setzt hier den männlichen Jäger voraus. Jagd kann aber natürlich auch ein Fallenstellen und Auf-Beute-Lauern sein, was hierzu das „weibliche“ Äquivalent wäre. In beiden Logiken ist das Ziel, die Beute auszutricksen, sie dorthin zu bekommen, wo sie freiwillig und bei klarem Verstand nicht hingegangen wäre. Es geht um Macht. Unsicherheiten und Schwäche werden ausgenutzt, um dem eigenen Ziel näher zu kommen.

Auch Konsenskonzepte kann man in diese Denkweise einbauen, wenn man das Erreichen einer Zustimmung weiterhin als Trophäe begreift. Flirten wird dadurch zwar etwas komplizierter, aber letztendlich geht es weiterhin darum, das Gegenüber zum nächsten Konsens, bzw. zur nächsten Zustimmung zu manipulieren. Die Trophäe besteht in diesem Fall darin, wie weit man gekommen ist, wie geschickt man verführt hat. Wie viel die andere Seite zugelassen und erlaubt hat, ist wichtig für den Jagderfolg und das Ego.

Auch hier gilt, wie fast immer: Als bewusstes (BDSM-)Spiel ist gegen das Beutemachen, das Siegen und Unterwerfen nichts einzuwenden. Im Gegenteil: Ich wünsche allen, die darauf stehen, viel Spaß dabei!

Als einziger Entwurf für Balzrituale ist dieses Schema jedoch katastrophal. Es kann Flirten nur als Machtspiel begreifen, es verhindert Vertrauen, es verhindert Aushandlung auf Augenhöhe, es definiert sexuelle Anziehung vorrangig über Gefahr und Kampf. Es bleibt im alten Muster von Ehre und Status stecken, in dem Verletzlichkeit, Unsicherheiten und Transparenz nichts zu suchen haben, weil sie als Schwäche angesehen würden.

Ein Flirten unter ebenbürtigen Individuen, die am Wohlergehen der anderen Personen interessiert sind, ist ein anderes Spiel. Es kann genauso ein Vortasten sein, aber diesmal geht es um Angebote, die abgelehnt oder angenommen werden können, um das Herausfinden, was der anderen Person gefällt, um ein (zumindest temporäres) Einlassen auf einen gemeinsamen Tanz, der allen Beteiligten gefallen soll und dessen Ziel nicht darin besteht, Grenzen möglichst weit zu verschieben oder das Gegenüber zu überrumpeln, sondern eine Form zu finden, die für diese individuelle Begegnung angemessen ist und allen Beteiligten gefällt. Das beinhaltet natürlich mehr Verletzlichkeit und Sich-Zeigen. Es beinhaltet eventuell sogar mehr Ablehnungen. Denn wenn eine Person, die wir anflirten, das Gefühl hat, gemeint zu sein und mitentscheiden zu können, muss sie sich nicht zwischen pauschalem Ja oder absoluter Abfuhr entscheiden, sondern kann Ja zu diesem, Nein zu jenem sagen und trotzdem in Kontakt bleiben kann die eigenen Bedürfnisse auch besser fühlen, wenn sie weniger unter Stress steht. Es gibt also möglicherweise mehr Neins, wenn es kein kategorisches Nein gibt. Oder die andere Person kann anfangen zu verhandeln: „Dein Vorschlag macht mich nicht so an, wie wäre es mit meinem?"

# ORGASMUS(S?)

Um das Thema Orgasmus ranken sich viele Mythen, Rollenbilder und Vorstellungen von Sexualität. Oft wird davon ausgegangen, Orgasmus sei das Ziel von Sex. Er wird dann schnell zu einem „Muss". Wer eine andere Person zum Orgasmus bringen kann, ist „gut im Bett", wem das nicht gelingt, ist egoistisch oder „hat es nicht drauf". Jemanden zum Orgasmus zu bringen wird so zum objektiven Marker für die eigenen Qualitäten als Liebhaber*in erhoben. Sex wird zu einem Sport, bei dem wichtig ist, ins Ziel zu gelangen, wie schnell oder langsam und wie oft das geschieht, wer darin technisch versierter ist und besser dabei aussieht. Nach dem Überschreiten der „Ziellinie" ist der Wettlauf dann vorbei oder fängt von vorne an. Sowohl jemandem einen Orgasmus zu machen als auch selbst einen zu haben wird mit dem eigenen Wert verknüpft. Auch „frigide" oder „impotent" zu sein gilt als Makel, selbst wenn man anderen die besten Orgasmen bescheren kann.

Wenn dem Orgasmus so eine hohe Bedeutung zukommt, wird dadurch aber leider tendenziell die Lust an sich wenig wertgeschätzt. Die Zeit vor dem Orgasmus gilt dann als „Vorphase", einem unwichtigeren Teil, der nur dazu dient, das Wesentliche vorzubereiten.

Lust wird so leicht zu etwas degradiert, das es gilt, loszuwerden. Manche Menschen berichten, sie fühlen sich wie ein*e Bittsteller*in mit ihrer Lust und abhängig von der anderen Person. Einige finden diesen Zustand geil und spielen gern damit. Für viele ist er unangenehm oder sogar schambesetzt und so ist Orgasmus das, was von der unaushaltsamen und peinlichen Lust befreit.

Die Fixierung auf Orgasmus geht dementsprechend oft mit einer Geringschätzung von Lust einher. Sex ist in dieser Sicht nur dann „komplett" und „gut", wenn alle Beteiligten einen Orgasmus hatten. Laut Mainstream-Bildern geschieht das am besten gleichzeitig, was vermeintlich auch das Problem löst, wer wem den Vortritt lässt. Die einfachste Lösung, sich Orgasmen nach Bedarf selbst zu machen, wird hierbei allerdings nur als Notlösung angesehen. Den Augenblick des Orgasmus aufeinander abzustimmen, ohne selbst Hand anlegen zu dürfen, ist aber eine gar nicht so leichte Übung. Diese Erwartung erzeugt Stress in alle Richtungen, der es wiederum unwahrscheinlicher macht, dass dieses Ziel gelingt.

Das Thema Orgasmus ist komplex. Orgasmen können sehr unterschiedlich sein. Unterschiedlich schön, unterschiedlich lang, stark, sich verschieden weit im Körper ausbreiten, von unterschiedlichen Orten ausgehen, sich angenehm und sogar empowernd anfühlen. Orgasmen können aber auch unangenehm sein und sich fremdbestimmt anfühlen, wenn der Körper auf Stimulation reagiert, mit der der Mensch eigentlich nicht einverstanden war, und daher kann selbst ein Orgasmus nicht unbedingt als Beweis für Zustimmung gewertet werden.

Verschiedene Menschen kommen verschieden leicht oder schwierig zum Orgasmus. Manche täuschen Orgasmen vor. Auch beim Thema Orgasmus sind wir viele Stereotype gewohnt. Verbreitet ist zum Beispiel die Vorstellung, dass Männer* immer „können" und tendenziell aufpassen müssen, nicht zu schnell zu kommen, während Frauen* erst stundenlang bearbeitet werden müssen, bevor sie eventuell einen Orgasmus erleben. Gleichzeitig existiert auch die Idee, dass alle Frauen* grundsätzlich mehrfach kommen können, Männer* jedoch nur einmal und dann „kaputt gespielt" sind. Natürlich sind diese Stereotype grob verfälschend. Es gibt viele Menschen mit Penis, die Schwierigkeiten haben, eine Erektion zu bekommen und/oder zu halten,obwohl sie den Sex genießen und Lust haben. Und auch Menschen mit Penis können grundsätzlich mehr als einen Orgasmus nacheinander haben. Außerdem existieren Menschen mit Klitoris, die kaum berührt schon einen Orgasmus erleben, genauso wie auch Menschen mit Klitoris sich nach dem Kommen umdrehen und direkt einschlafen können.

Diese Bilder haben aber auch insofern Wechselwirkung mit der Realität, dass es immer noch in vielen heterosexuellen Schlafzimmern normal zu sein scheint, dass Sex dann vorbei ist, wenn der Mann* einen Orgasmus hatte, dass der Mann* sich höchstens als „Vorspiel“ Mühe gibt, die Frau* zu stimulieren. Wenn sie dann beim Penetrationssex einen Orgasmus hat, ist es gut, wenn nicht, hat sie eben Pech gehabt oder spielt lieber einen vor, bevor er sich länger vergeblich abmüht und es für alle Beteiligten unangenehm wird. Wenn er „fertig“ ist, ist der Sex jedenfalls vorbei. Frauen* sind tendenziell dazu erzogen, unkompliziert zu sein, keine Ansprüche zu stellen und nicht zu nerven, fordern also auch selten die notwendige Aufmerksamkeit und Hingabe ihrer Partner*innen ein oder wissen selbst nicht einmal, was ihnen gefällt. Oft wissen heterosexuelle Cis-Männer gar nicht, ob die Partnerin* einen Orgasmus hatte oder nicht. Das ist natürlich eine unglaubliche Absurdität und Unverschämtheit und meine Ausführungen in diesem Kapitel sollen auf gar keinen Fall dazu führen, dass weiblich sozialisierte Menschen erst recht darauf verzichten, einen Orgasmus zu bekommen! Wenn du einen Orgasmus haben möchtest, solltest du einen haben können und wenn deine Lust lange braucht, ist das erst einmal kein Grund, dir nicht ausgiebige Aufmerksamkeit zu schenken! Wenn eine Person sich jedoch nicht traut, mit der Lust des Gegenübers zu experimentieren und herauszufinden, was gefällt und Lust macht oder steigert, gibt es hingegen auch viele Ursachen, die nicht auf Egoismus beruhen. Gründe könnten Scham, Unwissenheit oder Unsicherheit sein sowie mangelnder Mut zum Kommunizieren und Experimentieren. Das allerdings sind Gründe, mit denen man sich auseinandersetzen kann, auch wenn es Überwindung kostet. Letztendlich geht es wieder um Kontakt und Verletzlichkeit: „Ich bin nicht der Held, der alles weiß und alles kann, sondern ich bin schüchtern und unsicher und weiß noch nicht, was dir gefällt. Und ich habe Angst davor, mich tollpatschig anzustellen. Ich brauche dein Feedback.“

Wenn wir mit diesen Bildern reflektierter umgehen und versuchen, es eben nicht so zu machen wie oben beschrieben, entsteht oft der nächste Stress: Wer kommt zuerst? Wie schnell? Wie lange? Oft mündet das in dem Versuch, um jeden Preis gleichzeitig zum Orgasmus zu kommen. Das wäre schließlich am gerechtesten. Während das einerseits wunderschön sein kann, wird es andererseits zu einem enormen Stressfaktor, wenn es zum Dogma verkommt. Stress führt generell leicht dazu, den Kontakt zu sich und anderen zu verlieren, was sich wiederum ausgesprochen kontraproduktiv auf einvernehmlichen Sex auswirkt. Die Vorstellung vom gemeinsamen Orgasmus ist, dass das ein besonders verbindendes Erlebnis sei. Das *kann* sein. Aber es kann genauso gut ein Verstecken vor der anderen Person sein, vor der man sich seiner Geräusche, Bewegungen, Grimassen schämt. Wenn beide gleichzeitig so mit sich und ihrem Höhepunkt beschäftigt sind, dass sie diesen Moment voneinander nicht mitkriegen, ist es vielleicht weniger peinlich? In diesem Fall ist ein gemeinsamer Orgasmus dann allerdings nicht unbedingt verbindend.

Normative Bilder beeinflussen Menschen deswegen so stark, weil sich Menschen in unserer Gesellschaft leicht unwohl fühlen, wenn sie das Gefühl haben, von der Norm abzuweichen. Wir tendieren dazu, eher zu performen wie wir denken, dass wir sein sollten, als zu uns selbst zu stehen. Klischees zu reproduzieren fühlt sich auf einer emotionalen Ebene oft weniger riskant an, als eigene Wege zu gehen. Dabei ist Lust an sich bereits ein Zustand, der es wert ist, genossen zu werden, und was uns und wie etwas uns Lust macht, ist ausgesprochen individuell.

In meinen Workshops stelle ich gelegentlich die Frage: „Wie wäre Sex, wenn es keinen Orgasmus gäbe?“ und ich beobachte verschiedene Stadien der Antworten. Oft gibt es zunächst eine Ratlosigkeit: „Dann gäbe es ja keinen Sex.“, oder: „Wozu sollte man dann Sex haben?“. Wenn es an diesem Punkt nicht von selbst weitergeht, frage ich: „Wer von euch kann sich selbst einen Orgasmus machen?“. Meist ist das der größte Teil der Gruppe, und oft „gestehen“ einige, dass für sie die selbstgemachten Orgasmen eigentlich zuverlässig die intensivsten sind. Die nächste Frage lautet dann: „Mögt ihr trotzdem Sex mit anderen Menschen? Wieso das denn?“ und schnell wird deutlich, wie viele andere Aspekte beim Sex wichtig sind, die von der Jagd nach dem Orgasmus überdeckt werden.

Eine Möglichkeit, die anderen Aspekte des Sex zu betonen kann sein, sich eben nicht gegenseitig einen Orgasmus zu machen, sondern sich gemeinsam selbst zu befriedigen. Erstens kann das ausgesprochen geil sein, zweitens entbindet man damit die andere Person von dem Stress, sich dafür verantwortlich zu fühlen, und drittens zeigt man sich damit gegenseitig, dass es beim gemeinsamen Sex nicht primär um das Kommen geht, wodurch Spielräume für andere Genüsse und Verbindung geöffnet werden.

Und genau das ist hier mein Anliegen: mehr Spielräume, mehr Wahlmöglichkeiten, weniger Stress und eine Wertschätzung für die Lust an sich, die so großartige, lang dauernde Glückszustände bescheren kann, dass ein Orgasmus sich dagegen fast wie ein tragisches Ende anfühlt.

Eine weitverbreitete Vorstellung besagt, dass Sex oder ein Sextrieb etwas ist, dem man ausgeliefert sei. Das Bild taucht zum Beispiel immer dort auf, wo Männern* unterstellt wird, sie könnten ihren Trieb nicht im Zaum halten, weil der bei ihnen ja natürlicherweise so drängend und vorherrschend wäre. Wenn sie also nicht übergriffig werden wollen, müssen Männer* permanent Druck ablassen. „Gute heterosexuelle Männer* müssten demnach um Sex betteln, den Frauen* aufgrund von weniger ausgeprägter Libido – so die Logik – weniger oder nicht wollen. In der gleichen Logik sind Frauen* gemein, wenn sie einen Mann* erst „heiß“ machen und dann an irgendeiner Stelle nicht mehr weitergehen wollen, bevor der Mann* gekommen ist. Im schlimmsten Fall wird dann sogar behauptet, sie sei selber Schuld, wenn er sich dann „holt, was ihm zusteht“. Blärgh!

Dieses furchtbare Konzept lässt sich natürlich auf alle Menschen mit sexuellen Bedürfnissen ausweiten und zeichnet ein Bild von Menschen mit starkem Sexdrang als bedürftig und ihrer Lust ausgeliefert, unter Umständen als nicht ganz zurechnungsfähig. So sind sie entweder eine latente Gefahr für andere oder bemitleidenswerte arme Würstchen, vielleicht sogar beides gleichzeitig.

Menschen, mit denen diese armen Würstchen sich Sex wünschen, werden dann zu Erfüller*innen dieser Bittsteller*innen, verhalten sich gewissermaßen grausam, wenn sie die Bedürftigkeit der anderen Person abweisen und werden von dieser möglicherweise als sehr machtvoll erlebt. Mit Sex geben sie der anderen Person quasi ein Almosen, auf das diese angewiesen ist. Andersherum kann die „Bedürftigkeit" als aufdringlich, bedrängend und einengend empfunden werden. Sich allerdings für diese Bedürftigkeit nicht zuständig zu fühlen, wird unter Umständen als egoistisch und herzlos interpretiert. Diese Bedürftigkeit kann so viel Raum einnehmen, dass es kaum noch möglich ist, die Bedürfnisse der anderen Person zu sehen. Wer sich bedrängt fühlt, wird außer Fluchtimpulsen kaum noch etwas wahrnehmen können. In diesen Dynamiken entstehen Abhängigkeiten, Schuldgefühle und Vorwürfe.

In diesem Bild steckt auch die Vorstellung, dass Sex etwas „Animalisches" und Unkontrollierbares sei und dass sexuelle Befriedigung in einer Partnerschaft von der anderen Person abhängig wäre. Diese Logik kann sowohl als Legitimation benutzt werden – „Ich brauch das, ich kann es nicht kontrollieren" – oder auch dazu führen, sich vor seiner eigenen Lust und eventuell Lust im Allgemeinen zu ekeln und sie loswerden zu wollen, weil in unserer Gesellschaft Kontrolle für sehr wichtig gehalten und Kontrollverlust als Makel und Schwäche angesehen wird. Sex ist dann etwas, das man tut, um die Lust loszuwerden, sich „zu erleichtern", und etwas, das tendenziell peinlich ist. Lust wird zu einem Vorstadium degradiert, das es zu überwinden gilt, statt als Selbstzweck genossen und ausgekostet zu werden.

Auch aus diesen Vorstellungen und Rollenverteilungen lassen sich spannende BDSM-Spiele entwickeln, als unhinterfragtes Muster halte ich sie jedoch für hinderlich und destruktiv.

Natürlich ist das eine überspitzte Darstellung, mit der sich nicht alle Lesenden identifizieren werden. Wir finden solche Vorstellungen aber sehr oft unterschwellig in sexuellen Interaktionen und Beziehungsdynamiken wieder.

Es gibt da diese Vorstellung vom Sex, der „einfach passiert": Es ist spontan Lust da, und diese steigert sich auf linearer Strecke mit vorgeschriebener Abfolge, weil es „ja gar nicht anders geht", es sei denn, es gäbe ein Problem. Und man folgt dieser Lust in

Richtung Orgasmus, weil „man das so macht" und vielleicht auch, weil Lust an sich diese Richtung vorzugeben scheint.

Wenn wir uns von solchen Erwartungen frei machen, ist noch viel mehr möglich.

Erstens brauche ich keine andere Person, um mir Lust oder einen Orgasmus zu machen, wenn ich das jederzeit selbst kann und mich von der Vorstellung löse, dass ein selbstgemachter Orgasmus irgendwie weniger wert oder defizitärer ist als einer, den mir jemand anders macht. Selbstbefriedigung ist also ein Schlüssel zu freierem Sex. Wenn es mir an Orgasmen nicht mangelt, kann es im Sex mit anderen Menschen dann vielmehr um die Lust, das Abenteuer und den Kontakt gehen, egal, ob wir uns für einen oder mehrere Orgasmen entscheiden oder nicht. Selbstverständlich spricht nichts dagegen, sich gegenseitig zu einem Orgasmus zu bringen.

Wenn es in einer sexuellen Begegnung die Verabredung gibt, dass Selbstbefriedigung willkommen ist, kann man leichter darauf vertrauen, dass eine Person, mit der man Sex hat, sich jederzeit selbst einen Orgasmus machen kann, wenn sie einen möchte. Dadurch, dass man dafür nicht zuständig ist und auch die andere Person jederzeit mit allem aufhören kann, entfällt ein häufiger Stressfaktor und es entstehen Vertrauen und Entspannung.

Außerdem gibt es sehr wohl die Möglichkeit, sexuelle Energie zu steuern. Es ist möglich, durch Fantasien, Gedanken, Erwartungen, Bewegungen, Atem, Worte etc. Lust aufkommen zu lassen, anzuheizen und auch wieder abnehmen zu lassen.

Gleichzeitig haben die meisten sexuell aktiven Menschen wohl schon erlebt, aus der Lust „wieder herauszufallen", ohne das wirklich steuern zu können. Gerade war noch ganz viel da, jetzt wird es wieder weniger oder sie ist plötzlich weg. Vielleicht kommt sie auch nochmal wieder. Ich habe den Eindruck, dass das schnell so interpretiert wird, als wäre daran etwas falsch. Entweder hat irgendjemand etwas falsch gemacht, oder jemand bzw. etwas ist „kaputt", denn Lust hat ja linear zu verlaufen und in einem Höhepunkt zu gipfeln. Wenn man Lust jedoch akzeptiert wie sie ist: mal drängend linear, mal wellenförmig, mal überwältigend, mal im Hintergrund oder sprunghaft, vielleicht zögernd, zirkulär und all die anderen Dynamiken, die Lust haben kann, nimmt das viel von dem Stress heraus, der entsteht, wenn man versucht, sich an einer vermeintlichen Normalität zu orientieren. Wir sind Lust und Unlust nicht einfach ausgeliefert. Unlust hat meist gute Gründe, die man nicht einfach übergehen kann, die aber abgebaut werden können. Lust kann gesteuert werden.

Die Geschichte vom Trieb als einer animalischen Kraft, die aus uns herausbricht, ist die Erzählung einer Geiselnahme. Der ansonsten zivilisierte und vernünftige Mensch wird quasi vom Körper und seinen niederen Trieben überfallen und benimmt sich dann wie ein Tier. Das ist einerseits ein Faktor von Scham, und kann ein Grund dafür sein, wenn Sex und Alltag als voneinander getrennt erlebt werden. Das kontrollierte Alltags-Ich wird dann mehr oder weniger abgelegt und macht in einem vom Alltag getrennten Raum oder Zeitraum einem weniger verkopften, impulsiveren Persönlichkeitsanteil Platz. Andererseits wird das Bild vom Trieb immer wieder als ein Freifahrtschein gebraucht, um übergriffiges Verhalten zu entschuldigen.

Ich glaube hingegen, dass Menschen immer Tiere sind, und das Bild vom Bruch eine Täuschung ist. Animalische Triebe sind permanenter Teil unserer Motivation. Unser Körper ist ein Tier, das die Fähigkeit hat, unmittelbar und sinnlich zu handeln und zu empfinden. Und wir *sind* dieser Körper. Im Sex können wir es nur schlechter verstecken als im Büroalltag.

Andererseits bleiben Menschen auch beim Sex Menschen im sozialen Kontakt, den sie bewusst gestalten können. Genauso wie im Alltag können wir abwägen und Prioritäten setzen, empathisch sein und Entscheidungen zum Wohle aller Beteiligten treffen. Auch wenn wir ganz im sinnlichen Erleben aufgehen, können wir wahrnehmen, wie es uns und der anderen Person geht. Gerade Männer* sollten sich endlich gegen die sexistischen Bilder wehren, nach denen ihnen unterstellt wird, sie seien triebgesteuerte Raubtiere, und sich als ernstzunehmende, bewusst handelnde und fühlende Wesen emanzipieren.

Je mehr wir allerdings unsere animalischen Anteile aus dem Alltagsleben verbannen, desto größer ist das Bedürfnis, sie woanders ungehemmt und eventuell sogar rücksichtslos auszuleben. Mehr Sinnlichkeit, Körper und „Triebgesteuertheit" – also das Folgen von Impulsen und Erlauben von Sinnlichkeit im Alltag – kann so dazu führen, die sexuelle Identität weniger von der Alltagsidentität abspalten zu müssen und sich insgesamt vollständiger zu fühlen.

Das „Animalische" muss zudem nicht zwangsläufig raubtierhaft sein. Ekstatische Erlebnisse beim Sex haben nicht nur mit Kontrollverlust oder Kontrollabgabe zu tun, sondern auch mit Empathie, Sinnlichkeit, Verletzlichkeit, Hingabe und Vertrauen, welches allesamt Eigenschaften sind, die wir auch bei Tieren finden.

# SEX IST NICHT GERECHT

Oder: Was du nicht willst, das man dir tu, das füg vielleicht wem anders zu. ;)

In sexuellen Begegnungen berühren viele Menschen andere Personen auf die Weise, wie sie selbst berührt werden wollen. Das scheint erst einmal naheliegend: Das, was ich als angenehm empfinde, möchte ich auch der anderen Person zufügen. Ich weiß, wie sich das anfühlt, ich bin damit vertraut.

Daran ist aber einiges verdreht. Zunächst einmal ist es natürlich so, dass die andere Person auf ganz andere Berührungen abfahren kann als man selbst. Wenn Person A gerne ganz sanft berührt werden will und Person B gerne gekratzt werden möchte, werden sie mit diesem Muster ziemlich unglücklich. Dann ist es A zu doll und B fühlt kaum was. A wird also immer sanfter, um noch deutlicher zu zeigen, was A will, und B kratzt immer doller, um sich verständlich zu machen. Dabei kann es ja gut sein, dass A gerne kratzt und B auch gerne sanft sein würde, sich nur nicht vorstellen kann, dass irgendjemand das gut findet!

Oft erwarten Menschen, dass Beziehungen und Sexualität als Tauschhandel funktionieren: Wenn ich für dich etwas tue, musst du das auch für mich tun. Komm schon …

Für jemand anderes Dinge zu tun, die man eigentlich nicht gerne tut oder die über die eigenen Grenzen hinausgehen, wird oft als Gefallen oder Liebesbeweis angesehen. Dabei entsteht oft ein Muster, das ich „Vorschuss zahlen“ nenne. Man tut der anderen Person etwas Gutes, in der Erwartung, dass diese das Gleiche dann auch zurückgeben soll. Wenn sie das dann nicht will, kann man sehr beleidigt und frustriert sein. Man kann aber auch finden, dass das eigentlich von Anfang an Erpressung war. Oft entsteht diese Dynamik, weil Menschen gelernt haben, dass sie keine Ansprüche stellen dürfen, wenn sie nicht zuvor etwas geleistet haben. Andere in eine Schuldnerposition zu bringen ist aber ein Machtspiel, selbst, wenn es aus Unsicherheit und mangelndem Selbstwertgefühl heraus geschieht. Besonders komplex wird das „Vorschuss/Schulden-Spiel“, wenn es alle Beteiligten gleichzeitig versuchen zu spielen.

Einvernehmliche Sexualität ist nicht auf diese Weise „gerecht“. Wenn ich will, dass alle alles jederzeit freiwillig und gerne machen, dann müssen jederzeit alle mit allem aufhören können und jederzeit nur das tun, was sie selbst in dem Moment gerne freiwillig tun möchten. Ja, auch eine Sekunde vor einem Orgasmus der anderen Person. Ohne Drama. Radikal. Gib nicht mehr, als du geben magst, ohne dich ausgenutzt oder enttäuscht zu fühlen, falls die andere Person dir nichts dafür „zurückgibt“ und sei nicht beleidigt, wenn die andere Person mit etwas aufhört, das du gerade genießt. Oder sag klar, dass du etwas nur dann gerne tust, wenn du das Gleiche oder etwas Ähnliches danach auch genießen darfst. Das ist nicht schlimm oder egozentrisch, sondern ehrlich. Mehr zu tun, als man eigentlich tun will, kann sich selbstlos und großzügig anfühlen. Das Vorschuss-Muster kann für die Person, die gerade etwas genossen hat oder etwas genießt, aber ganz schön fies sein. Wenn sie gerade noch nachspürend landet, und dabei merkt, dass die andere Person jetzt etwas erwartet, was sie gar nicht tun will und ansonsten sauer und verletzt ist, dann wird auch das Genießen zuvor rückwirkend verdorben. In dem Moment wird nämlich plötzlich klar, dass das Schöne vorher nicht freiwillig und aus vollem Herzen gegeben worden war, sondern als Dienstleistung, die nun noch abbezahlt werden muss. Ich nenne das „vergiftete Geschenke“. Hinter einem solchen Geschenk verbirgt sich eine Forderung, der man nicht zugestimmt hat, weil sie nicht offen war, der man aber nicht mehr entkommen kann. Oft ist dabei nicht einmal der genaue Inhalt der Forderung klar. Das ist in etwa so, als hätte man in einem Vertrag das „Kleingedruckte“ verschwiegen und würde die andere Person nun zur Einhaltung des gesamten, bisher unbekannten Vertrags zwingen.

Dabei ist natürlich klar, dass es in der Regel irgendeine Art von Ausgleich braucht. Entweder muss mir das, was ich tue, auch direkt Spaß machen oder zumindest eine Neugier befriedigen, oder es muss klar sein, dass es eben doch insgesamt eine Abwechslung gibt. Wenn ich dieses Mal vor allem gebend bin, kann das in Ordnung sein, wenn ich weiß, dass wir grundsätzlich die Rollen immer wieder tauschen und die andere Person ebenso bereit ist, mich zu verwöhnen. An dieser Stelle Einvernehmlichkeit herzustellen erfordert ein kontinuierliches Einchecken mit sich selbst und den eigenen Erwartungen, sowie klare Kommunikation mit dem/den Gegenüber/n.

# DIE FUNKTIONEN VON SEX

Was genau meinen wir eigentlich, wenn wir von Sex sprechen? Was ist Sex, wenn wir damit mehr meinen, als dass ein Penis oder Ähnliches in eine Körperöffnung gesteckt wird? Und für die Menschen, die darauf bestehen, dass die Definition von Sex Penetration ist: Ist es wirklich nur das, was ihr meint, wenn ihr sagt, ihr habt keinen Sex mit anderen Menschen außer eurer Primärbeziehung? Oder gehört da in diesem Fall doch mehr dazu?

Lust? Nacktheit? Küssen mit Zunge? Zählt Selbstbefriedigung zu Sex? Ist ein Übergriff auch Sex oder nur Gewalt? In Workshops und Seminaren habe ich von den Teilnehmenden schon sehr verschiedene Definitionen gehört.

Meine Arbeitsdefinition ist deswegen sehr weit und inklusiv:

Alles, was dazu dient, sich selbst oder jemand anderem Lust zu machen, sie zu steigern oder zu erhalten, gehört zu Sex.

Warum haben oder wollen Menschen Sex? Auch darum ranken sich viele Mythen.

Sexuelle Lust erleben zu können ist eine Körperfunktion wie Schmecken oder Riechen, Schmerzempfinden, Kitzeligsein und Bauchwehhaben, die den meisten von uns zur Verfügung steht und die angesprochen und genossen werden kann. Nicht für alle Menschen ist Sex allerdings wichtig, einige bezeichnen sich selbst als asexuell, also ohne sexuelles Begehren. Oft wird diesen Menschen mit Verwunderung, Unverständnis oder gar missionarischem Eifer begegnet, weil sich die Mehrheitsgesellschaft die komplette Abwesenheit von sexuellem Interesse schlecht vorstellen kann oder es als Phase abtut. Einer der Mythen, die sich um Sex ranken, ist, dass alle „es" wollen und alle „es" haben. Zu einem sexpositiven und konsensuellen Ansatz gehört unbedingt immer auch, Asexualität anzuerkennen. Konsensualität bedeutet: Sex findet nur dann statt, wenn er gewollt wird. Keinen Sex zu haben ist deshalb immer eine Option, die gleichwertig vorhanden sein muss, ob im Moment, phasenweise oder lebenslang.

Sex kann etwas ganz Wunderbares sein. Und auch, wenn wir die „Steinzeit-Phantasie“ vom Neandertaler, der angeblich seinen Samen ohne Rücksicht auf Verluste unbedingt verteilen wollte, beiseite lassen, gibt es biologische Gründe für Sex.

Sex mit einer anderen Person zu haben – oder eben: Sex zu machen –, ist eine Form von Kommunikation und eine Art, miteinander in Kontakt zu treten. Bei schönem Sex werden Hormone ausgeschüttet, die dafür sorgen, dass wir uns wohlfühlen. Das ist gut für unser Immunsystem und lässt uns strahlen und duften. Sex kann eine tiefgehende grundlegenden Entspannung, Weichheit, Glücksgefühle und sogar drogenähnliche Rauschzustände erzeugen und dazu führen, dass wir uns mit anderen Menschen liebevoller verbunden fühlen, sogar über unsere Sexpartner*innen hinaus freundlicher in die Welt blicken. Auch diese Faktoren sind von evolutionärer Bedeutung, weil sie Gesundheit und Beziehungen stärken und somit lebensverlängernd wirken.

Ganz ehrlich: Das sind aber nicht die einzigen Gründe, warum wir sexuellen Kontakt wollen, oder?

Es geht auch um Anerkennung, Körperkontakt, darum, sich in einen anderen Körper hineinzuspüren und selbst aufmerksam gespürt werden zu wollen, sich fallen zu lassen, die Hingabe einer anderen Person zu erleben, Kontrolle zu übernehmen oder loszulassen, sich als liebens- und begehrenswert wahrzunehmen, emotionale Nähe, Extase, Ausnahmezustände vom Alltag, sich gebraucht zu fühlen, Exklusivität aufzubauen, Vertrauen und Vertrautheit zu erzeugen, soziale Normen erfüllen oder brechen zu wollen, impulsiv-körperlich zu sein, Selbstbilder zu bestätigen, Beziehungen zu festigen, starke Gefühle auszulösen, Spannung abzubauen, den eigenen „Marktwert“/ Status zu bestätigen oder zu verbessern, Teil einer Szene zu sein, entspannt einschlafen zu können, intensiv den eigenen Körper zu spüren, mal aus dem Kopf rauszukommen, Adrenalin, Neugier, Grenzerweiterung, das Gefühl von Lebendigkeit … Es gibt viele Gründe für Sex.

Alle diese Erlebnisse lassen sich in oder durch Sex verwirklichen. Alles davon halte ich mehr oder weniger für Grundbedürfnisse. Wenn diese durch Sex angesprochen und erfüllt werden, kann das sehr schön sein.

Wenn es aber keine anderen Möglichkeiten gibt, diese Bedürfnisse zu stillen als durch Sex, werden sexuelle Begegnungen und Beziehungen überfrachtet. Es entsteht eine Abhängigkeit davon, dass die andere Person und der Sex das alles erfüllen, und es erzeugt Angst davor, Zugang zu der Erfüllung dieser Bedürfnisse zu verlieren, wenn es keinen Sex gibt.

So passiert es leicht, dass Menschen Sex haben, nicht, weil sie Sex wollen, sondern weil sie nicht wissen, wie sie diese wichtigen Bedürfnisse anders erfüllen können. Verlustangst und Abhängigkeitsgefühl erzeugen Unfreiheit und machen es schwer, klar und selbstbestimmt zu verhandeln und zu fühlen, was man möchte.

Je mehr diese Bedürfnisse also auch an anderen Stellen erfüllt werden können, desto freier und selbstbewusster kann der Einstieg in sexuelle Begegnungen und Beziehungen gelingen. Raufen, Tanzen, Musik machen, Sport, gutes Essen, sich „Verrücktheiten" erlauben, Freundschaften pflegen, Körperkontakt mit anderen Menschen als dem/den/der Sexpartner*in/nen, sich in neue Umfelder begeben, sich trauen, sich zu zeigen und zu sich zu stehen, sich massieren lassen, sich selbst massieren, sich für Selbstbefriedigung Zeit und Ruhe nehmen und mal wieder experimentieren, mit Freund*innen in einem Bett schlafen, Körperarbeitsmethoden lernen und anwenden, emotionale Nähe in Freund*innenschaften pflegen, sich für sich selbst um den Körper und dessen Aussehen kümmern, sich zu Hause allein sexy anziehen oder sich ein Fotoshooting gönnen, andere Sinne wie Riechen, Schmecken und Hören verwöhnen … Bestimmt gibt es noch tausend Ideen, die für unterschiedliche Menschen funktionieren. Meine Idee ist nicht, Sex zu ersetzen, sondern die verschiedenen Aspekte von Sex auch in anderen Bereichen des Lebens wiederzufinden und mehr Möglichkeiten zur Verfügung zu haben, Bedürfnisse auch anderweitig erfüllen zu können, um den Sex mit weniger unterschwelligen Erwartungen und Ansprüchen aufzuladen. So kann Sex letztendlich freier, spielerischer und selbstbestimmter, also *einfach Sex* sein.

Sexpositivität ist eine Haltung, die sich auch in den nicht-sexuellen Alltag tragen lässt.

Und wenn die verschiedenen Aspekte im Sex auch Nahrung finden, dann ist das ein wunderschönes Sahnehäubchen, aber nichts, von dem wir abhängig sind.

# ALLE SORTEN NEIN SIND WILLKOMMEN

Konsensualität ist die aktive Suche nach den Jas, habe ich geschrieben. Nur ein freiwilliges Ja ist ein echtes Ja. Freiwillig Ja sagen kann man allerdings nur dann, wenn man sich sicher ist, dass Nein-Sagen möglich und eine gleichwertige Option ist.

Das hat einerseits eine persönliche Komponente: Welche Glaubenssätze und anderen Hindernisse halten mich vom Nein-Sagen ab? Habe ich zum Beispiel Angst davor, die andere Person zu verletzen oder mich selbst verletzlich zu zeigen? Finde ich mich selbst „zu kompliziert" oder habe ich bestimmte Bilder von „Normalität" im Kopf, denen ich gerne entsprechen würde? Habe ich gar so viel Angst davor, dass mein Nein nicht akzeptiert werden könnte, dass ich es lieber überhaupt nicht ausdrücke? Manchmal wird das emotionale Risiko des Nein-Sagens als größer empfunden, als keine Grenze zu benennen, denn für viele Menschen fühlt es sich schlimmer an, wenn Grenzen übergangen werden, die vorher klar ausgesprochen waren, als wenn sie gar nicht erst deutlich gezogen worden sind.

Anderseits liegt es an der anderen Person und an der Atmosphäre, die die Beteiligten gemeinsam herstellen. Muss ich Angst davor haben, mich stundenlang erklären zu müssen, wenn ich etwas nicht will? Ist die andere Person möglicherweise durch mein Nein so verletzt oder verunsichert, dass ich im schlimmsten Fall noch emotionale Unterstützung für mein Gegenüber leisten muss, wenn ich zu etwas Nein gesagt habe? Werde ich gar verbal angegriffen oder beleidigt? Je schwerer es wird, Nein zu sagen, desto schwerer wird es auch, frühe Neins zu fühlen. Manchmal bleiben so nur noch die „Notfall-Neins" übrig.

Zum Glück gibt es viele verschiedene Sorten Nein. Das Notfall-Nein ist eines davon und es ist total wichtig und heilig und verdient allerhöchsten Respekt und Wertschätzung! Es ist die absolute Basis, um überhaupt sicheren Sex haben zu können, und selbst das ist für viele von uns nicht immer leicht. Das Notfall-Nein heißt: „Stopp. Nichts geht mehr. Schluss und keine Diskussionen."

Dieses Nein gebrauchen wir in der Regel nur, wenn es uns emotional oder körperlich schlecht geht oder etwas passiert, das wir mit unseren Werten nicht vereinbaren können. Dann ist ein wehrhaftes Nein die letzte Option vor körperlicher Gegenwehr.

Dieses Nein ist wichtig für Situationen, in denen eine Grenze zum Greifen nah oder schon überschritten ist. Eine Grenze ist dabei natürlich immer ein subjektives Gefühl. Grenze kann ein Spektrum von „nicht mehr angenehm" bis „geht gar nicht" sein. Menschen gehen mit dem Begriff „Grenze" ganz unterschiedlich um. Wenn sich unser Repertoire des Nein-Sagens aber auf das Notfall-Nein beschränkt, ist offensichtlich, dass das in wohlwollenden Begegnungen zu Komplikationen führt. Ein Notfall-Nein möchte man wirklich ungern jemandem entgegenschleudern, die*den man gerne hat. Solch ein Nein möchte man auch nicht auslösen.

Eine Situation allerdings, in der Neins vermieden und nur schwer möglich sind, kann man nicht gestalten, sondern nur aushalten und auf das Beste hoffen. Wenn wir so darauf gepolt sind, Neins zu vermeiden oder für den allerletzten Moment zu reservieren, haben wir sie nämlich auch dann nicht zur Verfügung, wenn sie eigentlich willkommen wären.

In konsensueller Sexualität, wie ich sie meine, die sich frei, spielerisch und einvernehmlich anfühlt, existieren zum Glück viele weitere Neins. In einer Sexualität, die wie ein Spaziergang oder ein Ausflug, ein ekstatisches Abenteuer oder ein beglückendes, intensives Spiel ist, gibt es auch ein „nö, lieber nicht", oder „lieber da lang als da lang", „danke für dein Angebot, grade nicht", „nein, ich hab mich vertan, das fühlt sich doch nicht so schön an, wie ich dachte" und immer auch „lass uns mal eine Pause machen". Es darf Neins geben, die keine Grenze, sondern einfach eine Entscheidung sind, z. B., weil es ein starkes Ja zu etwas Anderem gibt. Wenn ich weiß, was ich eigentlich lieber wollen würde, kann ich natürlich zu einem anderen Vorschlag Nein sagen, auch wenn die vorgeschlagene Tätigkeit ebenfalls angenehm wäre. Die Augen verbunden zu bekommen ist zwar schön, aber heute will ich dir in die Augen schauen können.

Verschiedene und undramatische Neins zu etablieren, nimmt dem Thema Nein-Sagen ganz viel Schwere. Wenn Nein nicht immer nur einen Notfall oder Beinahe-Notfall anzeigt, sondern allgemein als Ausdruck von Gut-bei-sich-sein und Selbstfürsorge gilt und ein selbstverständlicher Teil von ehrlicher Kommunikation und In-Verbindung-Sein geworden ist, sowie davon, dass man Verantwortung für die Situation übernimmt, entsteht eine Atmosphäre, in der Nein-Sagen ein Geschenk an die andere Person ist, über das man sich sogar freuen kann. Wenn ich will, dass die andere Person unsere Begegnung genießt, bin ich froh, wenn sie ihre Grenzen und Wünsche zeigt. Sie hilft mir damit nicht nur dabei, mich achtsam zu verhalten. Sie beweist mir dadurch auch Vertrauen und die Bereitschaft, den Kontakt mit mir langfristig authentisch zu gestalten. Dadurch kann ich mich entspannen und darauf vertrauen, dass wir Verantwortung teilen. Indirekt bekomme ich durch die klar kommunizierten Grenzen der anderen Person sogar die Bestätigung, dass Bedürfnisse auszudrücken etwas ist, das der anderen Person wichtig ist. Das kann mir Mut machen, selbst auch weniger über meine Grenzen zu gehen und der anderen Person meine Wünsche zu zeigen. Die Lösung für die Angst vor dem Nein ist also ein scheinbares Paradox: Statt Neins immer mehr vermeiden zu wollen und sie damit immer weiter in den Notfallbereich zu verschieben, lohnt es sich, öfter Nein zu sagen, mehr verschiedene Neins ins Repertoire aufzunehmen und so eine immer entspanntere Beziehung zum Nein aufzubauen. Das ist fast wie Vokabeln lernen. Auf diese Weise wird dem Nein liebevoll das Dramapotential entzogen.

Nein zu sagen kann auch ein Test sein, um frühzeitig herauszufinden, wie die andere Person mit Grenzen und Bedürfnissen umgeht. Wenn eine Person auf mein Nein mit Unverständnis und Gereiztheit reagiert, ist schnell klar, dass es der anderen Person nicht um mein Wohlergehen geht, sondern um das Durchsetzen ihres*seines Plans. Ein Nein selbstverständlich ausdrücken zu können kann auch zeigen, dass man der anderen Person vertraut, dass sie ein Nein respektiert und wertschätzt und man ihr unterstellt, dass sie es gut mit einem meint. Es kann bedeuten, dass man der anderen Person zutraut, mit potentiellen Unsicherheiten, die ein Nein auslöst, zurechtzukommen. Und eine Grenze oder ein Nein ist auch etwas, nach dem man fragen oder um das man bitten kann, um der anderen Person zu signalisieren, dass sie sich willkommen und eingeladen fühlen soll, auf sich zu achten, für sich zu sorgen und Entscheidungen über den Verlauf der sexuellen Begegnung zu treffen. Ein Nein kann andere Menschen sogar erleichtern, da sie sich dadurch unter Umständen besser in diesem Kontaktauskennen, weil sie wissen, wo Grenzen und Minenfelder verlaufen und das positive „Spielfeld" dadurch klarer abgesteckt wird. Und nicht zuletzt ist ein entspannter Umgang mit dem Nein-Sagen auch ein Signal an die andere Person, dass auch ihre Neins selbstverständlich willkommen sind.

Die Beziehung zum Nein zu verbessern bedeutet dabei natürlich nicht nur, dass wir selbst besser und klarer Nein-Sagen üben sollen, sondern auch, sich mit den eigenen Themen auseinanderzusetzen, wenn wir selbst ein Nein bekommen. Jemand anderem zuzutrauen, entspannt mit unseren Neins umzugehen, ist wesentlich leichter, wenn man das selbst für machbar hält, also selbst dazu in der Lage ist, Neins von anderen anzunehmen. Die meisten Menschen scheinen Angst davor zu haben, ein Nein zu bekommen. Wir haben Angst vor Zurückweisung, davor, etwas falsch zu machen, und davor, die andere/n Person/en zu verletzen. Wenn wir aber unsere und andere Neins selbstverständlicher finden, und rechtzeitiger benennen, können wir sie tendenziell entspannter ausdrücken, weil sie sich nicht wie Selbstverteidigung anfühlen. Vielleicht gelingt es sogar, liebevoll und wertschätzend Nein zu sagen, so dass es sich auf der Seite des Gegenübers auch weniger hart anfühlt, ein solches Nein zu hören.

Dabei ist wichtig, sich bewusst zu machen, dass jeder Körper, jeder Mensch, jeder Tag und jede Geschichte anders ist. Diese Medien-Aufmacher-Logik „Zehn Tipps, um ein besserer Liebhaber zu werden" ist absoluter Quatsch, denn sie suggeriert, dass es ausreicht, sich individuell fortzubilden und die richtigen Techniken zu lernen, um gut im Bett zu sein. Sie geht davon aus, dass „Gut-im-Bett-Sein" eine Performance ist. Und diese Performance wiederum ist demnach unerlässlich für den eigenen Status. Natürlich helfen Erfahrung und Anatomiekenntnisse beim Sex. Mir geht es aber genau im Gegenteil darum, von der Performance beim Sex wegzukommen – oder sie freiwillig als Spiel zu wählen. Wenn es überhaupt eine Definition für „Gut-im-Bett-sein" gibt, dann ist es meiner Meinung nach, dass man mit der Aufmerksamkeit gut bei sich und gleichzeitig gut bei der anderen Person bleibt, genießen kann und die Kommunikation klappt. Und auch das geht nur gemeinsam. Jeder Mensch mag andere Berührungen und findet andere Körperstellen erotisch. Die eine Person dreht fast durch vor Lust, wenn man ihren Hals leckt, eine andere findet das albern und ist peinlich berührt, wenn man es versucht. Das kann man aber vorher nicht wissen. Und wenn man sich nicht komplett lähmen lassen will, führt kein Weg daran vorbei, es einfach einmal herauszufinden. Auch Erfahrungswissen funktioniert in der Regel nicht als reine Performance, die nach einem Masterplan von einer Person auf eine andere übertragen werden kann, sondern nur im Hier und Jetzt und im Kontakt mit der anderen Person und ihrem Körper, sowie im Kontakt mit sich selbst und dem, was sich authentisch und angenehm anfühlt.

Neben der Fähigkeit, Neins wahrzunehmen und auszudrücken, braucht man also auch die Fähigkeit, das Nein einer anderen Person nicht persönlich zu nehmen. Es lohnt sich, zu lernen, das Nein des Gegenübers nicht zu sehr in die eigenen Gedankenspiralen einzubauen: „Ich habe was falsch gemacht", „die findet mich jetzt komisch", „ich stelle mich tollpatschig an", „mit mir macht Sex bestimmt keinen Spaß" … was immer deine automatisch anspringenden Filme sind.

Wenn sich Menschen in Situationen befinden, die körperlich oder psychisch bedrohlich sind, und sie nichts tun können, um etwas daran zu ändern, schaltet der Organismus in einen wichtigen Überlebensmechanismus um, das sogenannte Dissoziieren. Kopf und Gefühl spalten sich vom Körper ab oder die Verbindung zu den Emotionen wird gekappt, um eine Situation durchstehen zu können.

Etwas Ähnliches passiert, wenn Menschen in Situationen, die für sie unangenehm oder überfordernd sind, bleiben, sie aushalten oder weitermachen. Sie verlassen innerlich den Kontakt. Sie sind zwar körperlich anwesend und vielleicht auch nach außen hin unauffällig und funktionsfähig, sie ziehen sich aber emotional aus der Situation oder von der anderen Person zurück. Das kann dazu führen, dass sie weniger fühlen oder sich selbst nur als beobachtend und nicht als teilnehmend wahrnehmen. Manchmal führt das zu Zynismus und emotionaler Kälte. Auch ein Rückzug aus dem aktiven Gestalten, indem immer weniger die Initiative ergriffen und stattdessen nur noch reagiert wird, kann eine Folge sein.

Auch eine Genervtheit oder Ungeduld gegenüber anderen Menschen und äußeren Reizen kann ein Ausdruck davon sein, dass jemandem eigentlich alles zu viel ist. Das Gegenüber empfindet die ausgestrahlte Stimmung natürlich leicht als „unsicheres Terrain", als Abwehr oder Aggression gegen sich, als ein diffuses Nein, das im Raum steht, dessen Konturen aber nicht wirklich erkennbar sind. Sie*er wird dann wahrscheinlich unsicher und bekommt Angst, etwas falsch gemacht zu haben oder in ein unsichtbares Fettnäpfchen zu treten. Möglicherweise fängt er*sie dann an, sich präventiv vorsichtig zu verhalten und die eigenen Bedürfnisse aus dem Blick zu verlieren, weil das Erraten der Bedürfnisse der abwehrenden Person im Vordergrund steht.

Eine Grenze klar zu ziehen und zu benennen kann deswegen ein Weg sein, in Kontakt zu bleiben und sich im Kontakt mit sich selbst und anderen Personen gegenüber liebevoll zu verhalten. Es ist neben dem „Zu-sich-selbst-Stehen" auch eine Möglichkeit, für sich selbst und für die Beziehung Verantwortung zu übernehmen, indem man sich selbst so transparent macht, dass die andere Person die Chance bekommt, sich zu orientieren. Ein klares Gegenüber zu haben kann zwar einschüchternd wirken; ein Gegenüber, das sich entzieht und ins „innere Exil" geht, wirkt dafür verunsichernd, weil nie ganz klar ist, was erlaubt oder erwünscht ist und was nicht, oder was der Grund für einen Rückzug ist. Weil dieses Muster bei anderen Personen meist diffuse Schuldgefühle und Unsicherheit auslöst, ist es für sie oft schwer, Klarheit einzufordern. Eine Grenze zu benennen kann ein Geschenk sein, denn es bedeutet, im Kontakt mit der anderen Person präsent bleiben zu können. Es bedeutet, ihr*ihm zuzutrauen, mit Klarheit und Verletzlichkeit umgehen zu können. Und es bedeutet, dass der Person, die die Grenze zieht, der ehrliche Kontakt so wichtig ist, dass sie*er dafür das emotionale Risiko eingeht, sich verletzlich zu zeigen.

Eine Grenze zu kommunizieren ist auch ein Schutz für die andere Person. Indem man eine Grenze benennt, schützt man sie*ihn davor, ungewollt Teil der eigenen destruktiven Muster zu werden. Schlimm genug, wenn ich ständig meine Bedürfnisse beiseite schiebe und über meine Grenzen trample, statt für mich einzustehen. Einen Menschen, der es aufrichtig gut mit mir meint, in diese Muster einzubauen, ist auch ihm gegenüber nicht fair. Einer Person, die ein aufrichtiges Interesse am Wohlergehen des Gegenübers hat, zu unterstellen, es wäre zu ihrem Besten, wenn man die eigenen Bedürfnisse verschweigt und ihr „freie Bahn" lässt, ist letztendlich sogar eine Unverschämtheit. Man unterstellt ihm*ihr damit, sie hätte kein Interesse an dem anderen Menschen und wäre zufrieden damit, sich rücksichtslos zu verhalten. Letztendlich ist es sehr wahrscheinlich, dass wir uns von einer Person, mit der wir eine Beziehung führen, in der unsere Bedürfnisse und Grenzen keine Rolle spielen, irgendwann emanzipieren und abwenden müssen. Wenn wir vorher nicht einmal angedeutet haben, wo unsere Bedürfnisse und Grenzen liegen, ist die andere Person darüber wahrscheinlich verwundert bis schockiert und verletzt.

Man kann deswegen üben, ein Nein als Beziehungsgeschenk zu sehen. Die andere Person möchte in Kontakt und authentisch bleiben und traut uns zu, dass wir ihr*ihm grundsätzlich Gutes wollen. Es ist schön, in diesem Fall signalisieren zu können, dass man sich über das Nein freut oder es zumindest respektiert und wertschätzt und das ist sehr schwer, wenn es einen in tiefe Spiralen der Selbstzweifel stürzt. Selbstfürsorge und emotionale Selbstregularion zu üben ist daher ein wesentlicher Teil eines guten Umgangs mit Neins. Ein Mensch, der etwas nicht will, aber weiter aushält, geht innerlich aus dem Kontakt.

Jemand, der*die uns stattdessen eine Grenze aufzeigt, bietet an, weiter im Kontakt zu bleiben, und macht sich verletzlich, geht dafür das Risiko unserer Zurückweisung ein, um authentisch und ehrlich mit sich und uns zu sein. Das ist kostbar!

Meine Erfahrung ist, dass eine Atmosphäre mit selbstverständlichen Neins sich relativ leicht herstellen lässt, wenn alle Beteiligten sich darüber einig sind, dass spielerische und willkommene Neins ein erstrebenswertes Ziel sind und sie die Bereitschaft zeigen, ihren Teil dazu beizutragen. Manchmal gelingt das sogar, wenn zunächst nur eine der Personen überzeugt genug davon ist und das einfordert. Dabei können große und ungeahnte Freiräume aufgehen.

Ein Nein steckt einen Ort ab, an dem wir nichts müssen, an dem etwas nicht passiert. Neins, die respektiert werden, sind sozusagen der sichere Hafen, der uns Schutz vor Untiefen, Strömungen und Stürmen bietet. Je sicherer und sichtbarer der Hafen ist, desto leichter können wir dorthin zurückkehren, beschließen, dort zu verweilen, oder uns trauen, in unbekannte Gewässer aufzubrechen. Wenn wir uns in diesem Hafen auskennen und nichts uns hinauszwingt, können wir frei entscheiden, ob wir mutig oder vorsichtig sein wollen und unter welchen Umständen und in welcher Begleitung wir hinausfahren.

Neins zu entdramatisieren heißt dabei nicht, dass man das Nein der anderen Person immer krampfhaft toll finden muss. In einer vertrauensvoll etablierten Atmosphäre, in der vollkommen unbestritten ist, dass es wichtig, willkommen und für alle Beteiligten gut ist, dass jemand auf seine*ihre Grenzen achtet, kann man auch ehrlich sagen: „Schade, ich hatte mich schon drauf gefreut" ohne damit Druck aufzubauen.

Wenn es also eine Atmosphäre gibt, in der Neins wertgeschätzt werden, wird Zustimmung nicht unter Druck gegeben und kann jederzeit zurückgezogen werden. Wer A sagt ... hat A gesagt. A hat mit B gar nichts zu tun. Niemand muss jemals etwas zu Ende führen oder weitermachen oder das nächste Mal das Gleiche mögen, denn ein Ja gilt erst einmal nur für jetzt. Dafür aber aus vollem Herzen.

# JA!

Dadurch, dass dem Nein der Schrecken genommen wird, ist also ein echtes Ja erst möglich. Wer weiß, dass er*sie sich jederzeit frei für ein Nein entscheiden kann, weil ein Nein kein Drama auslöst, sondern im besten Fall sogar wertgeschätzt wird, hat Raum in Kopf und Gefühl, um Jas wahrzunehmen und sich frei(er) für ein Ja zu entscheiden.

Wenn Nein wie ein sicherer Hafen ist, ist Ja wie ein idealer Strand. Hier gibt es Genüsse, Sonnenschein, Wohlgefühl, man kann baden, Ball spielen oder im Schatten liegen und vor allem muss man gar nichts, außer man will es. Das Ja, von dem ich hier schreibe, ist das saftige, freudige, aufrichtige Ja. Ein Ja, das man fühlen kann, bevor man es ausspricht.

Damit sind die ganzen Jas, die wir aus Gewohnheit, Unsicherheit und Höflichkeit geben, explizit nicht gemeint.

Wer sich jetzt fragt, was dann noch übrig bleibt, ist in guter Gesellschaft. Während es Menschen zwar oft schwerfällt, Nein zu sagen, ist es für viele schon schwer, ein richtiges Ja überhaupt zu fühlen. Wir sind oft im Alltag so sehr mit Kompromissen und Verpflichtungen beschäftigt, dass für echte Jas kein Platz mehr bleibt.

Ich lade dich ein, danach zu suchen. Wann war das letzte Mal, dass du ein vorbehaltloses, freudiges Ja gefühlt hast? Egal, ob das beim Sex oder beim Aussuchen einer Eissorte war: Erinnere dich an das Gefühl, spüre es in deinem Körper. Wenn es möglich wäre, dass sich ein großer Teil deines Lebens so anfühlt, würdest du stattdessen freiwillig halbherzige Kompromisse wählen? Wenn du die Eissorte oder den Sex haben kannst, die diese Freude auslösen, würdest du die langweilige oder unangenehme Alternative wählen?

Man kann eine Begegnung steuern, indem man auf die Dinge aufpasst, die sich nicht gut anfühlen und dazu Nein sagt. Diese Neins machen Platz für schöne Dinge. Unangenehmes oder auch Unbegeisterndes auszusortieren, macht Raum und Zeit frei, in denen Wunderbares passieren kann.

Das kommt aber nicht automatisch, sondern will eingeladen und gestaltet werden! Man kann eine Begegnung auch dadurch steuern, indem man auf die Dinge achtet, die gefallen und guttun, und zu diesen Ja sagt. Man kann aktiv nach den begeisterten Jas suchen, der Neugierde und der Lust. Man kann sich sogar entscheiden, alles, wozu es kein klares Ja gibt, einfach sein zu lassen und sich stattdessen die Zeit nehmen, auf Impulse zu warten und zu achten. Eine Begegnung vom Ja aus anzugehen heißt: aufmachen, sich zeigen, weich werden und entscheiden, auf welche Impulse man eingehen möchte. Keinen Normen und Pflichten, sondern Neugierde, Genuss und Freude folgen.

Auch vom Ja existieren verschiedene Versionen. Und verschiedene Jas können sich unterschiedlich anfühlen. Da ist das Ja zu einem konkreten Vorschlag, der ein angenehmes, lustvolles oder neugieriges Gefühl auslöst. Es gibt begeisterte Jas und zögerliche Jas und Jas, die an Bedingungen geknüpft sind. Aber auch Wünsche zu äußern oder selbst etwas vorzuschlagen gehört in die Rubrik Ja-Sagen, weil sie ein Ja zum eigenen Begehren und den eigenen Impulsen sind. Es kann ein Ja zum Experimentieren, Einlassen, dem Ungewissen geben. Es kommt vor, dass ein Ja zu sich selbst, der eigenen Lust, dem eigenen Wohlergehen sich in einem Nein ausdrückt. Wenn ich etwas viel Besseres vorhabe, ist es leicht, Nein zu sagen. Man kann ein allgemeines Ja zum Leben, zu Sex, zur Lust spüren. Es gibt ein Ja zur anderen Person, ohne konkrete Vorstellungen von Handlungen.

Ja ist ein anderer *Zustand* und eine andere *Ausrichtung* als Nein, kann aber genauso klar sein, nutzen wir unser Ja-Sagen wirklich nur dann, wenn es in Übereinstimmung mit dem Gefühl ist.

Ein klares, freies und selbstbewusstes Ja duldet keinen Bullshit und kann ein klarer Kompass sein. Nicht nur weg von dem, was „Nein“ ist, sondern die permanente Orientierung Richtung „Ja“. Alles, was kein Ja ist, kann und darf im Sex radikal aussortiert werden.

Wo Neins den Raum freihalten, damit Jas entstehen können, gilt auch das Gegenteil: Wer weiß, wie sich lustvolle Jas anfühlen, und eine Vorstellung davon hat, wie man diesen Zustand erreicht, ist viel weniger bereit, sich auf schlechte Kompromisse einzulassen. Wer echte Jas kennt, kann leichter Nein sagen.

Egal, wo man also anfängt zu üben, ob beim klareren Nein-Sagen oder dem Suchen nach den echten Jas: Beides stärkt sich gegenseitig. So wie wir in eine Abwärtsspirale geraten können, in der wir zu selten Nein und zu oft Ja sagen und dadurch zu wenig Raum für echte Jas und Angst vor dem Nein entsteht, können wir die Spirale umdrehen. Wer öfter Nein sagt, hat mehr Platz für Ja-Erlebnisse. Wer sich für das entscheidet, was sie*er wirklich will, weiß, wofür sich das Nein-Sagen lohnt.

Das Ja zum Maßstab zu machen, kann man üben. Ich schlage dafür die 4 Jas vor:

1. Ja, das will ich! Egal, ob Zustimmung oder Wünschen, dieses saftige „Au Ja!" ist das, was wir uns unter einem Ja vorstellen. Los geht's!

2. Ja, darauf bin ich neugierig! Ganz klar ebenfalls ein Ja, aber ein sehr anderes. Ob ich die Sache letztendlich gut finde, weiß ich noch nicht, dass ich es ausprobieren will, schon. Welchen Rahmen brauche ich?

3. Ja, ich will etwas anderes! Ist das nicht ein Nein? Kann sein. Vor allem ist es aber die Erinnerung, dass gar nichts doof sein muss, um etwas zu ändern. Vielleicht ist es sogar total schön, und wir könnten stundenlang weitermachen. Aber ich will etwas anderes eben lieber. Das reicht, um etwas zu ändern. Ich muss nicht warten, bis etwas unangenehm wird, um etwas zu ändern. Auch positive Impulse aus dem Wohlfühlen heraus sind ein völlig legitimer Grund, sich etwas anderes zu wünschen.

4. Ja, ich will Pause/aufhören! Klar, auch das kann ein Nein sein. Die Einladung ist aber, nicht so lange zu warten, bis es „schlimm genug" ist, ein Nein zu rechtfertigen. Genug zu

haben oder mit sich selbst und miteinander einchecken zu wollen, reicht aus, etwas zu unterbrechen. Im besten Fall rechtzeitig, bevor die Stimmung kippt. Regelmäßiges Hinfühlen, ob es ein Ja zum Stopp oder zur Pause gibt, hilft dabei, den Fokus Richtung „Ja" zu behalten. Nicht das Nein ist der Maßstab, sondern das Ja. Ist es noch schön genug, dass ich weitermachen will? Wann ist der richtige Zeitpunkt zum Aufhören, damit es sich im Nachhinein gut anfühlt?

Zu der Ja-Atmosphäre beim Sex gehört natürlich auch zu zeigen, was man mag. Geräusche, Bewegungen, Worte, der ganze Körper ist ein Kommunikationsmedium, das man nutzen kann, um die andere Person wissen zu lassen, was angenehm oder unangenehm ist. Oft ist es so, dass Geräusche und Bewegungen automatisch entstehen, wenn sich jemand immer weiter in den Ja-Zustand hinein entspannen kann, die Kommunikation also immer unmittelbarer körperlich und mehrschichtiger wird, je sicherer und wohler sich jemand in einer Situation und in seinem*ihren Körper fühlt. Zu diesem Sicherheitsgefühl trägt die Erfahrung bei, jederzeit Nein sagen zu können und Wünsche äußern zu dürfen.

Ja-Sagen ist aber nicht nur die Zustimmung zu einem Vorschlag. Das aktive Wünschen ist ebenfalls ein Teil davon. Wünsche zu äußern ist so sehr Ja-Sagen zu sich und den eigenen Bedürfnissen, Impulsen, Sehnsüchten, dass man bereit ist, sie anderen zuzumuten oder als Geschenk anzubieten.

Zu dem Ja-Sagen zu sich, zu Sex, zu einer Person, zu dieser Begegnung gehört ebenso, über Phantasien zu reden. Das können konkrete Vorschläge für jetzt sein, ein Austausch über Phantasien und Wünsche, aber auch über Grenzen und Abturnendes. Und auch das ist eine Form von Ja. Es ist ein Ja zu sich selbst und im besten Fall auch ein Kompliment an die andere/n Person/en, der/denen ich zutraue, mit meinem Begehren zurecht zu kommen, mich trotz oder gar wegen meiner „Perversheiten" und Seltsamkeiten zu mögen oder sich im besten Fall sogar darüber zu freuen.

Wenn Nein und Ja sich sicher, spielerisch und willkommen anfühlen, und ein selbstverständlicher Teil der sexuellen Kommunikation geworden sind, bekommen wir klarere Orientierung für einen weiteren Bereich, in dem Experimentieren möglich ist. Dieser Bereich heißt „Vielleicht".

# VIELLEICHT?

Es ist also wichtig zu wissen, wie sich Ja und Nein anfühlen, und sie klar auseinanderhalten zu können. Es ist wichtig, sich selbst zu vertrauen, auf das eigene Gefühl zu hören und Bedürfnisse kommunizieren zu können. Genauso ist es wichtig zu wissen, dass Grenzen und Wünsche gehört und respektiert werden. Da wir immer wieder neuen Situationen ausgesetzt sind und uns auch selbst immer weiterentwickeln, ist das in der Regel keine einmalige Erkenntnis, sondern ein lebenslanger Lernprozess. Es lohnt sich also, diesen liebevoll zu gestalten und von uns und anderen keine Perfektion zu erwarten.

Wenn Nein der sichere Hafen und Ja der perfekte Strand ist, dann ist Vielleicht die offene See. Dieser Bereich ist weniger klar definiert und bietet weniger Sicherheit. Mal gibt es Flaute, mal Sturm, mal genau die richtige Mischung aus Spannung und Spaß. Es gibt sogar Bereiche, von denen wir nicht einmal eine Landkarte haben. Vielleicht entdecken wir neue Inseln mit fantastischen Stränden, aber vielleicht werden wir auch einmal furchtbar seekrank. Aus beiden sicheren Richtungen – dem Ja und dem Nein – kann man sich hinauswagen, das Ungewisse zu erkunden. Den Mut zum Forschen zu finden ist dabei leichter, wenn man sich jederzeit wieder ans sichere Ufer retten kann. Dabei ist es möglich, von einem klar begrenzten Nein aus in Bereiche loszufahren, die „Nicht-Nein" sind, und nach Jas zu suchen. Man kann aber auch von einem klaren „Ja-Bereich" losschwimmen und ihn achtsam um Dinge erweitern, zu denen man kein klares Gefühl, eine Neugier oder ein wohliges Schaudern hat. Manchmal ist uns auch gar nicht so richtig klar, wo der Vielleicht-Bereich überhaupt ist? Wo ist noch Badegewässer oder Hafen, wo beginnt die offene See? Man kann im diffusen Ja-Sagen aufräumen und Bereiche abgrenzen, die gar keine klaren freudigen Jas waren. Eine kleine Marie Kondo sitzt in deinem Hinterkopf und fragt: "*Does it spark joy?*" Oder wir gestehen uns ein, dass ein Teil von dem zu dem wir Nein sage, uns vielleicht doch interessiert, auch, wenn es ein bisschen unheimlich ist …

Wir können uns entscheiden, heute oder für immer, im Sex ausschließlich in Nein und Ja aufzuteilen. Es gibt Sachen, zu denen ich heute oder grundsätzlich ein Nein spüre, die mache ich nicht. Es gibt Sachen, zu denen habe ich jetzt ein klares Ja, die mache ich gerne. Wozu ich kein klares Gefühl habe, wird ausgeklammert. Das ist absolut legitim.

Das Vielleicht ist aber auch ein Bereich, der ein riesengroßes Potential bietet, mehr über sich zu erfahren, neue Genüsse kennenzulernen und sich weiterzuentwickeln. Deswegen wollen wir ihn möglicherweise mit in unsere Erlebniswelt einbeziehen. Im Vielleicht-Bereich sind Erfahrungen weniger vorhersehbar und kontrollierbar, dafür fühlt es sich unter Umständen aber sehr lebendig an, sich darin zu bewegen. Die Voraussetzung für ein lustvolles Forschen in der Vielleicht-Zone ist Freiwilligkeit. Jemanden in die Vielleicht-Zone hineinzudrängen ist keine gute Idee und erhöht das Risiko für negative Erfahrungen, auch wenn man selbst es ist, die*der sich drängt. Wenn man die Vielleicht-Zone betritt, hat man naturgemäß gemischte Gefühle, kein klares Ja- oder klares Nein-Gefühl. Es kann sein, dass es zwar Neugierde gibt, aber nicht unbedingt Enthusiasmus. Das ist völlig in Ordnung, solange man sich darüber im Klaren ist, dass der Vielleicht-Bereich Voraussetzungen braucht, mit denen die Erkundung sicher möglich ist.

Bei klaren Jas und Neins ist es den meisten Menschen möglich, eindeutige körperliche oder emotionale Zeichen zu finden, die ihnen anzeigen, dass sie sich in dem einen oder anderen Bereich befinden. Selbst Menschen, die wenig Übung darin haben, anderen gegenüber Ja oder Nein auszudrücken, können meist Anzeichen benennen, die ihnen verraten, ob sie zu einer Handlung eher ein Ja oder ein Nein fühlen. Für viele Menschen ist z. B. ein bestimmtes ungutes Grummeln im Bauch ein klares Zeichen für Nein und ein sehr entspanntes oder freudig kribbelndes Gefühl ein Zeichen für Ja. Anstrengung oder gestresstes Denken können Zeichen für Nein sein und Entspannung und Freude Zeichen für Ja. In meinen Workshops bitte ich die

Teilnehmenden oft, jeweils zehn klare körperliche, gedankliche oder emotionale Zeichen für Ja und Nein zu finden. Oft fällt es den Teilnehmenden leichter klare Zeichen für Nein zu finden. Ungetrübte, pure Jas scheinen ein viel selteneres Erlebnis zu sein.

Mit der Vielleicht-Zone ist es nicht so einfach, eindeutige Anzeichen zu benennen, denn diese zeichnet sich ja genau dadurch aus, dass sie weder klar Ja noch Nein zuzuordnen ist; die Gefühlslage ist gemischt. Hier geht es deswegen auch um etwas anderes, nämlich darum, herauszufinden, welcher Rahmen oder welche Bedingungen nötig sind, um Lust darauf zu bekommen, in dem Vielleicht-Raum zu forschen, also um Parameter, die das Zulassen neuer Erfahrungen möglich und leicht machen, und die Wahrscheinlichkeit erhöhen, dass es im Großen und Ganzen gute Erfahrungen werden, selbst wenn nicht immer alles angenehm sein muss. Gute Erfahrungen im Vielleicht-Raum können zu neuen Lieblingspraktiken führen. Aber auch missglückte Experimente, über die man gemeinsam lachen kann, können unter Umständen als gute und selbstbestimmte Erlebnisse verbucht werden, genauso wie die gemeinsam gemachte Erfahrung, dass eine Phantasie der Realität nicht standhalten konnte.

Wenn ich die Teilnehmenden Kriterien aufschreiben lasse, die das Erkunden des Vielleicht-Raumes für sie leichter und sicherer machen, geht es also darum, für sich selbst zu definieren, welche Umstände jemand braucht, um sich gerne auf Vielleicht einzulassen. Das kann sehr individuell sein und von vielen Faktoren abhängen. Meist sind dabei Faktoren wichtig wie die Atmosphäre, Kommunikation, Gut-bei-sich-Sein, Vertrauen. Auch Neugier spielt eine große Rolle, sowie die eigene psychische und körperliche Verfassung. Jederzeit undramatisch Nein sagen zu können oder eine Basis mit klarem Ja zu haben, in die man sich jederzeit wieder begeben kann, wenn man ein Experiment abbrechen möchte, ist ebenfalls meist eine notwendige Bedingung.

Ich habe beim Nein bereits kurz über Pausen geschrieben. Ich halte die Möglichkeit, Pausen zu machen, für äußerst wichtig. Diese durchbrechen die linearen Logiken und schaffen so die Gelegenheit, sich immer wieder neu zu orientieren, wo es als Nächstes langgehen soll. Pausen machen es möglich, beim Innehalten sich selbst wieder mehr zu spüren und zu überprüfen, ob noch alles stimmt, oder ob etwas verändert werden muss. Sie lassen neue Impulse entstehen, auf die andere/n Person/en zuzugehen. Wenn sich aus einer Pause ein Stopp entwickelt, ist es weniger abrupt. Pausen erinnern uns an unsere Wahlfreiheit, unser Begehren und unsere Gestaltungsmöglichkeiten. Pausen sind auch ein guter „Anker" um zu fühlen, wie die andere Person mit Stopps umgeht, und sich selbst zu versichern, dass sich das Setting noch frei und sicher anfühlt. Sie tragen dem Fakt Rechnung, dass Lust sich nicht immer linear verhält, sondern auf- und abflauen kann, und nehmen Stress aus der Situation. Pausen sind toll. Und wenn während der Pause die Lust wiederkommt, kann man mit klarer Entscheidung erneut in den Sex hineintauchen. Im Vielleicht-Bereich zu experimentieren, braucht noch stärker als die anderen beiden Bereiche einen klaren Rahmen und ein individuelles Tempo.

Vielleicht, Ja und Nein stehen natürlich in Wechselwirkung. Um überhaupt Jas kennenzulernen muss man sich oft zunächst auf ein Vielleicht einlassen. Gerade, wenn Sexualität ein neuer oder vorbelasteter Bereich ist, ist es oft schwer, klare Jas zu finden, und Sexualität spielt sich viel in der Vielleicht-Zone ab. Besonders für Menschen mit traumatischen Erfahrungen ist es deswegen oft wichtig, ihr Basislager im Nein aufzuschlagen und von dort aus zu Forschungsexpeditionen aufzubrechen. Das bedeutet, erst einmal zu Vielem eventuell sogar „präventiv" Nein zu sagen, um zu merken, dass Nein-Sagen und Entscheiden möglich und in Ordnung ist. Dadurch entsteht für manche erst (wieder) ein Raum, in dem sie spüren können, ob sie etwas eventuell doch interessiert, was sie stattdessen wollen oder unter welchen Bedingungen sie sich auf etwas einlassen möchten. Dann ist es besonders wichtig, die Nein-Zone sicher zu gestalten und beim Vortasten in den Vielleicht-Bereich jederzeit einen „Nein-Hafen" erreichen zu können. Für diese Menschen ist es oft so, dass sie sich Bereiche von Vielleicht erst sehr langsam und vorsichtig erarbeiten müssen, weil sich alles, was nicht ganz klar Ja ist, schnell wie zu viel oder Nein anfühlt, möglicherweise auch erst im Nachhinein. Manchmal kann es dann hilfreich sein, sich mit einem kleinen Ja für einen präzise abgesteckten Vielleicht-Bereich zu entscheiden, diesem einen sehr klaren Rahmen zu geben und bewusst nicht die Erwartung zu haben, besondere Lust zu erleben, sondern ihn achtsam zu erkunden und sich die Zeit zu nehmen, die Forschung nachzubearbeiten. Um im Bild zu bleiben: Niemand muss in der offenen See schwimmen lernen. Dafür gibt es Schwimmbäder.

Andere Menschen wiederum sagen tendenziell viel und leicht Ja, wollen vieles ausprobieren und gehen mit einem generellen Ja durchs Leben. Vordergründig unkompliziert, kann das dazu führen, eigene Grenzen eher wenig wahrzunehmen. Manchmal fehlen vor lauter Ja das Aussortieren und das bewusste Entscheiden, so dass zwar viel Ja, aber wenig „Au Ja!" übrig bleibt. Oder es gibt ein gewisses Repertoire von Genüssen, auf das verlässlich zurückgegriffen werden kann, das sich aber nicht unbedingt erweitert. Auch von hier aus kann das Vielleicht erforscht werden. Welche Jas sind ein bisschen weniger Ja? Wo verläuft die Grenze zwischen Ja und Vielleicht? Was ist nur ein „Meinetwegen" und kein enthusiastisches Ja und kann deswegen in die Nein-Ecke sortiert werden? Zu was sage ich vor allem für andere Ja? Was ist ganz klar Nein? Wie kann der Umgang mit den weniger enthusiastischen Jas kritischer werden und mehr Platz für echte Begeisterung geschaffen werden?

Die drei Bereiche Ja, Nein und Vielleicht auseinanderzuhalten ist oft schwieriger, als es zunächst aussieht. Gleichzeitig ist das nicht nur für sich selbst nützlich, sondern auch für die klare Kommunikation mit anderen Menschen Gold wert. „Ja, meinetwegen, wenn wir vorsichtig sind." ist ein ganz anderes Ja als „Geil! Genau das will ich auch!", ebenso wie ein „Nein, das finde ich furchtbar!" eine andere Botschaft ist als ein „Nein, heute nicht, dafür brauche ich ein anderes Setting." Oder auch ein „hm … lass uns mal drüber reden, unter welchen Umständen wir das mal probieren könnten." Auch das Gegenüber kann mit derart klaren Aussagen und Positionsbestimmungen die Situation viel besser einschätzen. Im besten Fall können sich so alle mehr entspannen, schon allein, weil die Erwartung an ein Experiment eine andere ist, als an ein „Au, ja!"

# DAS INTERESSIERTE BEOBACHTEN UND DAS HERAUSHALTEN

Neben Ja, Nein und Vielleicht gibt es zwei weitere Haltungen, mit denen wir uns selten beschäftigen und die uns deswegen auch oft nicht als Möglichkeiten im Bewusstsein sind.

Die erste nenne ich „Das interessierte Nichtwissen" oder Beobachten. Auf den ersten Blick scheint das etwas Ähnliches zu sein wie der Vielleicht-Zustand. Es ist ein Zustand, in dem man keine klare Meinung zu etwas hat. Während man allerdings beim Vielleicht zwischen Ja und Nein hin- und hergerissen ist oder beide Gefühle gleichzeitig existieren, hat man sich jedoch schon mitten hineinbegeben in das Herausfinden und Forschen. Man möchte eine Entscheidung treffen und sich aktiv damit beschäftigen. Man hat sozusagen mehrere Meinungen oder Gefühle gleichzeitig.

Beim „interessierten Beobachten" hingegen bleibt man erst einmal außerhalb, ist aber offen für das, worum es geht. Es ist (noch) nicht das eigene Thema und es gibt auch kaum Meinung und Gefühl. „Interessant, damit habe ich mich noch gar nicht beschäftigt. Erzähl mir mehr!" könnte eine Äußerung sein, die zu dieser Haltung passt. Auf eine Sexparty zu gehen, ohne mitzumachen, sondern erst einmal nur zu schauen, wie man es dort so findet und was einen anzieht, wäre ein weiteres Beispiel für diese Haltung. Es ist ein Herausfinden, ob ein Ja, Nein oder Vielleicht entsteht. Ich finde es zunehmend wichtiger, auch diesen Zustand zu benennen und ihn vom Vielleicht abzugrenzen. Denn das „Nichtwissen" ist ein Ort, an dem wir keine Meinung haben und keine Entscheidung treffen müssen, uns nicht unter Druck fühlen und nicht involviert sind, sondern uns selbst und das Thema beobachten und herausfinden, ob wir näher herangehen wollen. Vielleicht schauen wir es uns an, weil ein geliebter Mensch uns von etwas berichtet hat, das ihn*sie interessiert oder sie*er sich wünscht. Möglicherweise haben wir von etwas gelesen, etwas im Internet gefunden oder einen Workshop besucht und haben zwar noch keine Haltung dazu, aber eine gewisse Neugier und Offenheit.

Der letzte Zustand, den ich vorstellen will, ist das Heraushalten. Man könnte es auch „sich abwenden" nennen. Sich nicht mit etwas beschäftigen zu wollen ist okay. Es ist auch nicht das Gleiche wie Nein. Beim Nein gibt es ein klares Gefühl, etwas nicht zu wollen, entweder grundsätzlich nicht, nicht jetzt oder nicht so. Beim Heraushalten gibt es das klare Gefühl, sich nicht mit etwas beschäftigen zu wollen. Das kann sein, weil man für bestimmte emotionale Aspekte nicht bereit ist, oder auch, weil das Thema nicht interessant oder wichtig genug ist, darauf Energie zu verwenden. Im Prinzip machen wir das ständig. Ich kann zum Beispiel unmöglich alle Bücher lesen, die mir jemand empfiehlt, und ich muss diejenigen, die ich nicht lese, deswegen nicht schlecht finden. Sie interessieren mich nur im Moment nicht genug, um mich mit ihnen überhaupt zu beschäftigen, vor allem, wenn noch welche auf dem Stapel liegen, die ich spannender finde. Genau so eine Haltung kann man auch zu Menschen, Sexpraktiken, Fetischkleidung oder Sexspielzeug haben.

Machen wir ein Beispiel: Es wird in bestimmten Kreisen total hip, beim Sex rosa Mützen zu tragen. Wie sähen die verschiedenen Haltungen dazu aus?

Ja: Ich finde das auf Anhieb eine total geile Idee und will das unbedingt auch.

Nein: Mir ist klar, dass ich das absurd und abtörnend finde. Vielleicht finde ich es sogar so bekloppt oder störend, dass ich Orte verlasse, in denen jemand eine rosa Mütze trägt. Ich will das nicht.

Vielleicht: Irgendwie interessiert es mich, aber es ist mir auch ein bisschen peinlich.Vielleicht mache ich erst einmal einen Workshop zum Thema? Vielleicht mache ich ein anonymes Mützensexdate oder probiere es auf einer einschlägigen Party mal aus? Oder ich besorge mir mal so eine Mütze und schaue mich damit vor dem Spiegel an? Es kann auch sein, dass mein*e Partner*in unbedingt Sex mit Mütze will. Ich bin hin- und hergerissen, aber lasse mich darauf ein, wenn ich selbst keine

Mütze tragen muss, und versuche, ob ich daran vielleicht doch Spaß habe. Auch ein Mützensex, der mir nichts ausmacht, aber meiner*m/meinen Partner*in/en Spaß bereitet – und dadurch auch mir – wäre im Vielleicht-Bereich angeordnet, weil es bei mir dazu zwar kein eigenes Ja, aber auch kein kategorisches Nein gibt, dafür aber andere notwendige Bedingungen erfüllt sind, so dass ich aktiv Lust darauf habe, damit zu experimentieren. Vielleicht stelle ich dabei fest, dass ich einfach nicht ernst bleiben kann. Dann wird aus dem Vielleicht doch noch ein Nein. Oder es macht mich total an, wie ich mit der Lust der anderen Person spielen kann, wenn ich die Mütze heraushole? Dann könnte aus dem Vielleicht doch noch ein Ja werden.

Beobachten: Ich wäre zwar im Leben nicht auf diese Idee gekommen, bin aber schon neugierig, was die alle daran finden. Ich gehe vielleicht mal auf so eine Party, schaue zu, lasse mir von Freund*innen davon erzählen oder suche im Internet herum. Dabei beobachte ich in Ruhe, ob sich bei mir irgendein Gefühl regt.

Heraushalten/Abwenden: Sollen die anderen machen, was sie wollen. Mich interessiert das nicht mal genug, um mich damit zu beschäftigen. Trends kommen und gehen, aber lasst mich damit in Ruhe. Ich interessiere mich für ganz andere Dinge. Können wir das Thema wechseln?

Deutlich wird hier auch, dass man jederzeit von einem in den anderen Zustand wechseln kann. Gerade fand ich etwas noch absurd, jetzt will ich es doch mal versuchen. Wenn es dir Spaß macht, fange ich vielleicht auch an, es interessant zu finden. Vielleicht stellt sich eine langersehnte Phantasie als Enttäuschung heraus. Oder ich stelle fest, dass meine ursprüngliche Abwehr daher kam, dass ich mich dafür schäme, wie geil es micih macht.

# IM KONSENS MIT SICH SELBST

Konsensuelle Sexualität anzustreben bedeutet, dass wir wollen, dass andere respektvoll und wertschätzend mit uns umgehen, und wir bereit sind, in dieser Weise auch anderen zu begegnen. Wir möchten, dass andere Menschen auf unsere Bedürfnisse achten und möchten die Bedürfnisse anderer Menschen wahrnehmen.

Wie aber behandeln wir unsere eigenen körperlichen Bedürfnisse? Unterbrichst du im Alltag z. B. ein Gespräch, um auf die Toilette zu gehen oder hältst du aus, bis du fast platzt, um das Gespräch nicht zu stören oder nicht unhöflich zu sein? Gibst du deinem Bewegungsdrang und deinem Ruhebedürfnis angemessen nach? Isst du, was du willst und was dir guttut, oder was schnell und billig ist? Schleppst du dich krank zur Arbeit? Gehst du ins Fitnessstudio, weil es dir Spaß macht oder um anderen zu gefallen?

Je weniger wir auf die Zeichen unseres Körpers hören, desto weniger zeigt sich der Körper mit seinen Bedürfnissen. Es sei denn, es handelt sich um wirklich dringende Grenzen und dann muss unser Körper zu drastischen Maßnahmen greifen. Unser Körper ist wie ein Kind: Wenn wir ihm immer wieder sagen, dass er die Klappe halten soll, wird er sich entweder zurückziehen und still werden oder uns anschreien. Wenn wir auf ein angespanntes Bauchgefühl nicht reagieren, bekommen wir vielleicht Übelkeit oder Bauchschmerzen. Unser Körper greift zu „Holzhammermethoden" um uns auf eine Weise, die wir nicht ignorieren können, merken zu lassen, dass etwas nicht stimmt.

Dass wir häufig nicht liebevoll genug mit uns selbst umgehen, hat auch damit zu tun, wie Körper gesellschaftlich betrachtet und behandelt werden: als Mittel zum Zweck, nicht als Selbstzweck.

Körper sollen in unserer Gesellschaft vor allem eins: funktionieren. Sie sollen leistungsfähig sein und gut aussehen und wenn sie diese Anforderungen nicht erfüllen, ärgern wir uns über den „Defekt“ und versuchen ihn zu beheben. Wir sprechen vom Altern als „Abbauen“ und wir empfinden Krankheit als fast schon peinlich oder wahlweise als einzige legitime Begründung für Pausen und Selbstfürsorge.

Auch in Sexualität und Balzverhalten stellen wir Ansprüche an unsere Körper: Sie sollen attraktiv und leistungsfähig sein, sie sollen keine Probleme bereiten, sondern eine möglichst gute Performance abliefern und anderen gefallen. Selbstfürsorge wird so zum selbstoptimierten Pflichtprogramm: Yogaposen im Sonnenuntergang und Duckfaces vor Müslischüsseln.

Den Körper zu beherrschen wird als Zeichen von Zivilisiertheit angesehen, das uns vom Animalischen abgrenzt. Was aber, wenn wir nicht nur einen Körper *haben*, sondern auch ein Körper *sind?* Um körperlich genießen zu können, müssen wir uns darauf einlassen, auf den Körper zu hören, den Körper den Weg weisen zu lassen und zu diesem Zweck eben in guter Kommunikation nicht nur mit Gefühlen und Verstand, sondern auch mit unserem Körper zu sein und liebevoll mit ihm umzugehen.

Menschen, denen das gut gelingt, fühlen sich oft für andere Personen leicht „lesbar“ und vertrauenswürdig an. Die Botschaften, die sie verbal und non-verbal aussenden, sind kongruent und klar. Als Gegenüber fühlt sich das entspannend an und lädt ein, ebenfalls „gut bei sich“ zu sein und transparent zu kommunizieren. Manchmal wirkt es aber auch einschüchternd, denn vor solchen Menschen kann man sich schwer verstecken, weil sie die Alltagsmasken und -mechanismen nicht nur bei sich selbst, sondern auch bei anderen leichter durchschauen.

„Gut bei sich zu sein“ haben aber die wenigsten von uns gelernt und wir erleben ständig, dass diese Fähigkeit auch nicht überall selbstverständlich und willkommen ist. Oft wird erwartet, für andere Menschen Abstriche zu machen und über die eigenen Grenzen zu gehen, weil das in unserer Gesellschaft die Norm ist. In vielen Bereichen der Arbeitswelt ist man schnell sozial isoliert, wenn man keine Überstunden schiebt oder Kolleg*innen mal eine Aufgabe abnimmt, und in vielen Familien ist es nicht üblich, Begrüßungsküsse oder Telefonbedürfnisse von Verwandten abzulehnen. Von Eltern wird selbstverständlich erwartet, dass sie ihre Bedürfnisse zugunsten ihrer Kinder zurückstellen, und von Kindern, dass sie abwarten, bis sie dran sind.

Natürlich brauchen soziale Verbindungen einen Zusammenhalt, der einschließt, dass Menschen Unterstützung für andere auch dort möglich machen, wo das in diesem Moment nicht ihren eigenen Impulsen entspricht. Wenn wir das aber grundsätzlich und unhinterfragt tun und erwarten, gerät etwas in Schieflage. Für einvernehmlichen selbstbestimmten Sex brauchen wir ein anderes Mindset, das wir im Alltag selten anwenden. Dass das so ungewohnt ist, führt natürlich auch in Beziehungen zu Komplikationen. Wenn wir schon auf unsere Körper nicht hören, ist es mit emotionalen Bedürfnissen oft noch schwerer, bei sich zu bleiben und sie im Kontakt wahr- und ernstzunehmen. Und dann auch noch für sie zu sorgen.

Trotzdem können wir das üben und erweitern, und mit dem Mut zur klaren Kommunikation lässt sich oft feststellen, dass andere das „Gut-bei-sich-Sein" auch gerne mehr lernen und leben möchten. Oft teilen sich auch emotionale Bedürfnisse über Körpergefühle mit

Egal, ob dein Körper eher fein und schüchtern oder mit Holzhammermethoden kommuniziert: Dort, wo man steht, kann man eine Bestandsaufnahme machen und sich vornehmen, mehr auf die Botschaften des Körpers zu hören. Wichtig ist auch hierbei ein liebevoller Umgang mit Ansprüchen. Es geht nicht um richtig und falsch oder darum, das ab jetzt immer perfekt zu können. Es geht darum, sich in eine liebevolle Richtung zu bewegen.

Wenn die Botschaft des Körpers erst zwei Tage nach dem Ereignis im Bewusstsein ankommt, hört man eben dann auf sie und versucht herauszufinden, was das Bedürfnis ist oder war und was jetzt getan werden kann, um darauf einzugehen. Je öfter das gelingt und je liebevoller unser Umgang mit der verzögerten Reaktion ist, desto unmittelbarer und deutlicher wird die Kommunikation mit unserem Körper, bis wir schließlich in Echtzeit „gut bei uns" sein können und dafür auch nur noch so viel Energie und Aufmerksamkeit brauchen, dass wir gleichzeitig eine andere Person wahrnehmen können. Es gelingt sogar, sowohl mit ihr als auch mit uns selbst in Kontakt zu bleiben.

Wenn wir unseren Körper nicht nur als Mittel, sondern auch als Selbstzweck begreifen, bekommen auch Lust und Sexualität eine neue Bedeutung und Dimension. Der Körper ist dann nicht mehr nur Mittel zur Lust, sondern Lust ist auch etwas, das dem Körper guttut. Das mag wie ein winziger Unterschied wirken, aber so verschiebt sich subtil unsere ganze Beziehung zum Körper, der zum köstlichen, genüsslichen Teil des Selbst wird. Genuss ist dann ein wichtiger Aspekt des Wohlergehens und der Selbstfürsorge. Sinnliches Genießen wird zum Selbstzweck und Lebensgefühl, wo wir es vorher zu etwas degradiert haben, das stattfindet „wenn noch Zeit/Energie/Lust übrig ist“ oder das eine Belohnung ist, die wir uns verdienen müssen.

Wenn sich die Kommunikation mit dem Körper verbessert und unmittelbarer wird, stellen wir fest: Manchmal hat unser Körper eine eigene Weisheit, und wenn wir ihm die Führung überlassen, lernen wir Neues über uns. Manchmal sagen die Körpersignale deutlich, dass wir etwas lassen müssen, während wir im Kopf noch nach Argumenten suchen, warum wir etwas wollen sollten. Unser Körper kann Dinge wollen und mögen, vor denen unser Verstand Angst hat oder die sich unser Ego nicht eingestehen will.

Manchmal ist diese Angst berechtigt. Unser Verstand ist dafür da, auf uns aufzupassen. Nicht allen Impulsen sollte man gedankenlos folgen. Manchmal geht es aber um das *Wie.* Dann besteht die Aufgabe des Verstands darin, einen Rahmen zu schaffen, in dem das, was der Körper will, sicher möglich ist. Auf diese Weise kommen auch wir immer mehr in Konsens – in Übereinstimmung – mit uns selbst.

# MEIN KÖRPER GEHÖRT MIR!

Jaja, werdet ihr vielleicht sagen, kenne ich schon, Kindergarten. Dieser Satz ist Standard in jeder Präventionskampagne. Zusammen mit „Nein heißt Nein“ wird er verwendet, um kurz und prägnant klarzumachen, dass niemand das Recht hat, körperliche Grenzen einer anderen Person zu verletzen. Gerade Kindern und Jugendlichen soll Mut gemacht werden, Nein zu sagen, wenn sie etwas nicht möchten, und sich Hilfe zu holen, wenn jemand Grenzen und Neins nicht respektiert. So weit, so wichtig.

„Mein Körper gehört mir“ heißt aber nicht nur „Ich darf Nein sagen und andere müssen das respektieren“, sondern auch „Ich darf die Erfahrungen machen, die ich möchte. Ich darf mit meinem Körper experimentieren, ich darf meinen Körper gestalten und genießen, ich darf auch Fehler machen und ich darf nicht nur Nein, sondern auch Ja sagen. Ich darf, so oft ich will, und mit wem ich will und genau so wie ich will Sex haben, solange alle Beteiligten einverstanden und einwilligungsfähig sind. Niemand darf mir vorschreiben, mit wem ich einvernehmlichen Sex haben darf und welcher Sex akzeptabel oder gut ist. Ich bin kein schlechter Mensch, wenn ich Sex möchte, den mein*e Partner*in nicht machen will, ich bin kein böser Mensch, wenn ich mehr oder weniger Sex will als andere. Ich bin auch nicht gemein, wenn ich mit anderen Menschen als meiner festen Beziehung Sex will oder mitten im Sex aufhören möchte. Ich darf das wollen, ich darf das tun, ich darf mit meinem Körper machen, was ich will. Mein Körper gehört mir. AU JA!!“

Das ist ein Paradigmenwechsel und eine Horizonterweiterung, die wir nicht nur im Privaten, sondern auch in der sexuellen Bildungs- und Präventionsarbeit brauchen. Wir müssen weg von einer Pädagogik kommen, die sich darauf beschränkt, das Schlimmste verhindern zu wollen, hin zu einer sexpositiven Pädagogik, die in der Lage ist, Sexualität als etwas grundsätzlich Lustvolles, Selbstbestimmtes und gemeinsam Gestaltetes zu vermitteln, und der es gelingt, Wege aufzuzeigen, wie eine solche Sexualität gelingen kann. Wenn Gewalt, Krankheiten und ungewollte Schwangerschaften verhindert worden sind, ist Sex noch nicht automatisch gut. Wenn aber Menschen eine Vorstellung davon haben, was sie wollen, was sich gut anfühlt und was sie brauchen, um sicher neue Erfahrungen zu machen, und daran glauben, dass das realistisch erreichbar ist, werden sie viel weniger bereit sein, Unangenehmes in dem Glauben auszuhalten, dass das vielleicht einfach so gehört, sie selbst das Problem seien oder sie sonst nie wieder eine*n Partner*in abkriegen.

Jede andere Person darf selbstverständlich genauso über ihren Körper entscheiden – und auch über ihre Gefühle, was dazu führt, dass wir mit Menschen, die uns wichtig sind, eben doch aushandeln, was wir mit unseren Körpern mit wem wann und wie tun, weil es uns dann oft auch wichtig und wertvoll ist, auf bestimmte Weisen Nähe, Vertrauen und Exklusivität mit jemandem aufzubauen oder zumindest Transparenz über mögliche Krankheitsübertragungsrisiken zu gewährleisten. Ich glaube, dass diese Aushandlung aber ungemein davon profitieren kann, wenn wir es schaffen, den Körpern der anderen sowie unserem eigenen Körper das maximal Gute zu gönnen.

Wenn wir mit Menschen, an denen uns etwas liegt, in Aushandlungsprozesse darüber gehen, wie sich Freiheit und Verbindlichkeit, der Wunsch nach Exklusivität und der Drang nach neuen Erfahrungen und die Neugierde auf andere Menschen oder neue Sexpraktiken vereinbaren lassen, spukt dabei oft der Glaube herum, dass feste Partner*innen Anspruch auf Körper und Sexualität der anderen Person erheben dürfen. Und dass es „egoistisch“ und „rücksichtslos“, „unreif“ oder anderweitig „moralisch verwerflich“ ist, der Partner*in Mitbestimmung über den eigenen Körper zu verweigern. Enge wird mit Sicherheit und Sicherheit mit Liebe verwechselt.

Auf der Ausgangsbasis, dass alle beteiligten Personen frei sind und jederzeit uneingeschränkt über ihren Körper verfügen können und sollen, entstehen Möglichkeiten für individuelle Lösungen. Wenn Menschen einander wichtig sind, haben die eigenen, sowie die Ängste der anderen Person/en oft großen

Einfluss auf die Entscheidungen der Einzelnen. Man möchte natürlich vermeiden, geliebte Menschen zu verletzen. Auch wenn es so wirken mag, plädiere ich hier nicht dafür, Polyamorie als reifere Beziehungsform anzusehen oder der Monogamie abzuschwören. Im Gegenteil! Mein Plädoyer ist eines für Selbstbestimmung, auch in der Beziehungsform. An dieser Stelle möchte ich allerdings den Körper und die Sexualität in Schutz nehmen, die in Verbindlichkeits- und Exklusivitätsverhandlungen, in Elternschaft und bei der Karriere den vermeintlich höheren Werten oft als Erstes geopfert werden. Dein Körper und deine Lust gehören dir, sind Teil von Identität, Gesundheit und freier Entfaltung. Sie sind ein wesentlicher Teil deines Selbst und verdienen es, wertgeschätzt zu werden und Raum zu bekommen.

Aus der Freiheit heraus ist es viel leichter, wohlwollend und großzügig auf die Bedürfnisse anderer Menschen einzugehen und konsensuell nach gemeinsamen Wegen zu suchen, in denen die Bedürfnisse der einzelnen, inklusive derer nach Exklusivität und Sicherheit, so viel Raum haben wie möglich. Freiheit beinhaltet auch die Freiheit zu Verbindlichkeit.

Wenn mein Körper mir gehört, heißt das aber auch, dass ich dafür verantwortlich bin, ihn zu pflegen und zu versorgen. Auch Pflegen und Versorgen ist anders, je nachdem mit welcher Haltung es geschieht. Geht es darum, sich für andere präsentabel zu machen, „Verfall“ aufzuhalten und „Makel“ zu überdecken oder darum, sich selbst gutzutun? Der Unterschied ist oft an kleinen Details zu merken, z. B. daran, wie wir uns eincremen: Nehmen wir die Gelegenheit zur Selbstliebe und zärtlichem Umgang mit uns selbst wahr oder ist es ein lästiges Ritual, das wir ruppig und schnell hinter uns bringen, möglicherweise noch mit selbstkritischem Blick auf die „Problemzonen“?

Sorge ich dafür, dass es meinem Körper gut geht? Ich meine das nicht im Selbstoptimierungssinn, sondern ganz alltagstauglich. Gehe ich schlafen, wenn ich müde bin, und esse, wenn ich Hunger habe? Wie oft esse ich aus Höflichkeit oder weil etwas weg muss bevor es schlecht wird? Wenn ich Lust habe zu tanzen, tanze ich? Ziehe ich mich warm genug an? Gönne ich meinem Körper Genüsse, die keinen weiteren Zweck erfüllen müssen, außer, sich angenehm anzufühlen?

Um gut für sich sorgen zu können, muss man natürlich auch herausfinden, was einem guttut, und ich behaupte, das ist ein lebenslanger Prozess. Genauso wie man noch im hohen Alter einen neuen Sport für sich entdecken kann, einen neuen Duft oder ein neues Lieblingsessen, gibt es anders herum auch Genüsse, die uns ein Leben lang begleiten. Auch mit Sex ist es so. Wir haben vielleicht ein bestimmtes sexuelles Profil, das sich nicht wesentlich ändert, und Vorlieben, die ein Leben lang bleiben. Immer wieder höre ich aber auch selbst von Menschen, die schon vieles ausprobiert haben und wissen, worauf sie stehen, dass sie etwas Neues für sich entdeckt haben oder etwas, das einmal voll ihr Ding war, sie nicht mehr interessiert. Auch Menschen, die sich also erlaubt haben, ihre Lust und ihr Begehren wirklich gründlich zu erforschen, sind immer wieder überrascht davon, wie sich ihre Sexualität entwickelt.

Wenn wir eine Beziehung zum eigenen Körper aufbauen und pflegen wollen, müssen wir ihm zuhören und auf seine Bedürfnisse eingehen. Den Körper kennenzulernen und ein bisschen herauszufordern gehört dazu. Auch, uns physisch möglichst geschmeidig und „durchlässig" zu halten ist Teil davon, die Kommunikationsfähigkeit unseres Körpers zu bewahren und zu erweitern. Kinder haben meist ganz selbstverständich Spaß an Bewegung und Experimenten mit dem Körper. Wie schade, dass sich das die meisten Erwachsenen abtrainiert haben!

Als Basis für konsensuellen Umgang mit anderen Menschen können wir den konsensuellen Umgang mit uns selbst üben. Wir können aufhören, unsere Bedürfnisse abzuwerten und zu vernachlässigen, und uns stattdessen das maximal Gute gönnen und möglich machen. So wird es auch leichter, die Bedürfnisse und Grenzen anderer wertzuschätzen und zu einer Atmosphäre beizutragen, in der auch unser Gegenüber sich ermutigt fühlt, maximal liebevoll mit den eigenen Bedürfnissen umzugehen.

# WOHER WEIẞ ICH, WAS ICH WILL?

Die Frage „Was willst du?“ zu beantworten ist für viele Menschen eine große Herausforderung. Zuerst einmal setzt die Frage voraus, dass man etwas will und das auch weiß. Zu wissen, was man will, gilt als cool, selbstbewusst und emanzipiert oder wichtig für Männlichkeitsperformance. Manchmal weiß man aber nicht, was man will, und das ist völlig normal.

Die Frage nach dem Wollen wird schnell schwarz-weiß gedacht: Was willst du und was willst du nicht? Willst du das: ja oder nein? Dabei haben wir ja schon festgestellt, dass es noch mehr gibt, z. B. das Vielleicht. Beim Wollen gibt es außerdem verschiedene Ebenen, z. B. die Beziehungsebene, die Atmosphäre, Körpergefühle, Selbstbild, konkrete Handlungen, Status usw. Auf allen diesen Ebenen können wir etwas wollen, das sich aber gleichzeitig widersprechen kann. Man kann sich zum Beispiel gleichzeitig dringend wünschen, etwas Wildes auszuprobieren, aber sich im Moment eher nach Kuscheln sehnen. Oder selbst das eine wollen, aber gleichzeitig dem*der Partner*in eine Freude machen wollen, die*der sich etwas anderes wünscht. Oder erregt sein und Sex wollen, aber gleichzeitig wissen, dass es stattdessen gut wäre, ein wichtiges Gespräch zu führen und das hinter sich zu bringen. Unterschiedliches Wollen kann gleichzeitig da sein und in uns selbst widerstreiten, bevor wir überhaupt mit jemand anderem in Aushandlung gehen.

Ein guter Schritt für die eigene Orientierung ist dabei, zunächst einmal überhaupt zu erkennen, was da ist und die möglicherweise widersprüchlichen Bedürfnisse auseinanderhalten zu können. Für eine andere Person kann es hilfreich sein, einen Einblick in die gleichzeitig vorhandenn Wünsche zu erhalten und nicht erst das fertige Ergebnis zu erfahren. Wenn unser Gegenüber sensibel ist, bemerkt sie*er unsere Unklarheit sowieso.

Manchmal ist es aber schwierig, an das eigene Wollen heranzukommen, und man bleibt in dem Wollen, das sich auf die

Ansprüche und Wünsche der anderen bezieht. Will ich deinen Wunsch erfüllen oder nicht? Auch hier kann es natürlich Inspiration geben. Viele Menschen hoffen aber, dass sich ein eigenes, von innen heraus kommendes Wollen irgendwann zeigt, und stellen sich vor, diesem dann Platz einzuräumen, wenn sie es deutlich wahrnehmen können. Dass sich etwas mit solcher Macht Raum verschafft, geschieht allerdings eher selten, und wenn, dann meist beim Nicht-Wollen oder lange unterdrückten Wünschen. Wenn das Maß voll ist, wenn wir zu lange ausgehalten oder uns zurückgenommen haben, dann kann ein starkes Gefühl entstehen, etwas nicht (mehr) zu wollen. Für das positive Wollen funktioniert das selten einfach so. Wollen ist ein zartes Pflänzchen. Wir müssen ihm erst Raum frei machen, damit es sich hervor traut. Wenn wir zu beschäftigt sind, Dinge zu tun oder uns gegen Dinge zu wehren, die wir nicht oder nur halbherzig wollen, bleiben weder Platz noch Energie übrig für die Dinge, die wir eigentlich wollen würden. Sie kommen nicht von selbst, um das Unangenehme und Diffuse zu verdrängen. Das Wollen will eingeladen und willkommen sein.

Je intimer und verletzlicher der Bereich des Wollens ist um den es geht, desto zarter ist das Pflänzchen. „Ich will heute Pizza essen“ ist ein Wunsch, der wenig Mut braucht. „Ich möchte gern Sex mit zwei Männern gleichzeitig haben, obwohl ich mich dafür schäme“ oder „Ich möchte gerne die Augen verbunden bekommen und komplett passiv sein, während du mich verwöhnst“ oder auch „Ich träume davon, jemanden so richtig mit dem Rohrstock zu verdreschen und dabei eine Latexmaske zu tragen“ sind schon zartere Pflänzchen, die ganz schnell auch wieder verwelken können, wenn wir oder andere drauftreten. Noch schüchterner ist das Wollen, das sich gegen Widerstände behaupten muss: „Ich will etwas, das du nicht willst.“

Sexuelle Phantasien können uns dabei helfen, herauszufinden, was wir wollen. Es lohnt sich, ihnen gut zuzuhören. Manchmal ist es Zeit, sich eine tiefe Sehnsucht endlich zu erlauben. Manchmal sind es aber auch gar nicht die konkreten Phantasien, die wir ausleben wollen, sondern sie sind für unser Hirn das Mittel, um aufzuzeigen, welche Emotionen oder welchen

Zustand wir uns herbeisehnen. Um ein bestimmtes Gefühl zu erreichen, gibt es tatsächlich meist verschiedene Möglichkeiten. Wenn man versteht, worum es bei einer bestimmten Phantasie geht, kann man sich auch über Abstufungen herantasten. Es gibt nicht nur ganz oder gar nicht. Wir können unsere Zehen in die Phantasie hineinhalten, sie wieder herausziehen und dann entscheiden, ob wir den ganzen Fuß eintauchen wollen, erst einmal genug haben oder kopfüber hineinspringen möchten.

Auch hier ist es hilfreich, sich immer wieder daran zu erinnern, dass jeder Mensch, jede Geschichte und jeder Körper anders ist und Vergleiche mit anderen uns nichts nützen, wenn wir uns dabei selbst aus dem Blick verlieren. Es bleibt uns nichts anderes übrig, als Individuen mit einzigartigen Eigenschaften und Wünschen zu sein und zu lernen, zu uns zu stehen. Gleichzeitig sind wir in unserer Individualität nicht alleine. Es gibt kaum eine Vorliebe oder ein Bedürfnis, das nicht unzählige andere Menschen teilen. Sich mit anderen darüber auszutauschen kann es leichter machen, sich selbst die Erlaubnis zu geben, *so* zu sein und *so was* zu wollen.

Neid auf andere können wir dabei übrigens großartig nutzen. Neid zeigt uns nämlich, dass wir uns etwas wünschen, von dem wir unbewusst überzeugt sind, dass es uns zustehen würde, uns aber so unerreichbar scheint, dass wir es anderen kaum gönnen können. Neid zeigt uns oft eine Richtung, in die wir wollen.

Auch bei dem, was wir bewusst oder unbewusst abwerten, lohnt es sich, genauer hinzuschauen. Was daran löst so starke Gefühle aus, dass es uns nicht einfach egal ist? Ist es vielleicht etwas, das uns erregt, mit dem wir aber einen Gewissens- oder Identitätskonflikt haben? Oder etwas, das wir irgendwie spannend finden, aber uns nicht trauen? Oder etwas, das mit einem so starken Stigma verbunden ist, dass wir Angst haben, es könnte uns interessieren? Etwas, das einen Bruch mit unserer sozialen Gruppe verursachen könnte?

Unser Wollen zu erforschen erfordert ein Einlassen auf Unsicherheit und die Bereitschaft, unerwartete Seiten von sich kennenzulernen und willkommen zu heißen. Wenn wir uns trauen, das erste zarte Pflänzchen willkommen zu heißen und nicht als Unkraut zu diffamieren, wird es vielleicht blühen, sich aussäen, und mit der Zeit entsteht ein bunter Garten. Ob neue Wollen-Gewächse dabei im Boden geschlafen haben, gepflanzt oder über den Zaun geweht worden sind, ist dabei erst einmal zweitrangig.

# NICHTS IST NORMAL: VON QUEERNESS UND BDSM LERNEN

Wir sind alle mit heterosexuellen normativen Skripten aufgewachsen. Skripte sind Vorstellungen – „Drehbücher" – davon, wie Sex funktioniert, aussieht, sich anzufühlen hat, in welcher Reihenfolge Handlungen abzulaufen haben. Ideen davon, was auf alle Fälle zu Sex gehört und was ein „spicy" Zusatz ist, spielen eine wichtige Rolle. Vorstellungen von normal und pervers, von brav und verrucht beeinflussen uns in unserem sexuellen Werdegang.

Obwohl queere Räume und Beziehungen sowie BDSM-Räume bewusste Ausnahmen von der Norm und selbstbewusste Abgrenzung von der Mehrheitsgesellschaft sind, gestalten sich auch diese Szenen nicht frei von Normativität. Dadurch, dass Skripte hier aber zumindest angepasst werden müssen, entsteht eine große Chance, nämlich die Notwendigkeit zur Aushandlung und Kommunikation. In vielen dieser Räume ist klar, dass Annahmen über Geschlecht, Begehren und Vorlieben in Bezug auf andere Personen falsch sein können und abgeglichen werden müssen. Und diese Aushandlung muss immer spezifisch für die aushandelnden Personen und Situationen sein, also Normen zumindest so weit beiseitestellen können, dass Individualität Platz hat. Selbst in der klassischen Klischeesituation der Bondage-Szene „Mann* fesselt dünne, biegsame jüngere Frau* in einem traditionellen Fesselmuster" muss es vorher Absprachen zu körperlichen Besonderheiten und Sicherheitsvorkehrungen geben. Und selbst bei anonymen, wortlosem penetrativem Sex müssen zwei Queers vorher wenigstens klären, wer wen womit und in welche Öffnung penetriert.

Diese Minimalforderung an Kommunikation kann dazu führen, dass Menschen, die sich sexuell außerhalb des heterosexuellen Blümchensex bewegen, selbstverständlich lernen (müssen), dass Sprechen über Sex nicht nur eine lästige Notwendigkeit ist, sondern eine Chance darauf, unbekannte Türen zu öffnen und neue Erfahrungen zu machen. Durch klare Kommunikation wird es leichter, sich in neue Bereiche zu vorzuwagen, sich näher an Grenzerfahrungen oder sogar an selbstbestimmte Grenzüberschreitungen heranzutrauen. Das wiederum führt oft zu Selbstbewusstsein und einem Gefühl von Lebendigkeit und Zufriedenheit. Das eigene sexuelle Potential zu entdecken und zu leben ist eine transformierende, erfüllende und stärkende Erfahrung.

Um diese Erfahrung zu machen ist es allerdings nicht notwendig, tausend wilde und verrückte Dinge auszuprobieren, und niemand sollte sich dazu gedrängt fühlen. Der Punkt ist: Auch Menschen, die ausschließlich die Varianten des heterosexuellen Blümchensex bevorzugen, profitieren von den Praxen des Aushandelns und der Übung darin, nichts für selbstverständlich zu nehmen, die in anderen Szenen längst viel normalisierter sind. Sich zu zeigen bringt Nähe und bessere Kommunikation und kann dazu führen, dass Sex mehr so ist, wie wir ihn *wirklich* wollen. Auch die Möglichkeiten des Oralsex sind unendlich, wenn wir uns trauen, zu experimentieren.

## GENIEẞEN LERNEN

Genießen zu lernen ist gar nicht so einfach. Das hat auch mit dem Verhältnis zu tun, das wir gesellschaftlich dazu vermittelt bekommen.

Das Wort „Genussmittel“ geht davon aus, dass Genuss etwas ist, das man konsumieren kann und für das man ein „Mittel“ braucht. Etwas, das man kaufen und aufbrauchen kann, etwas, von dem man bei falschem oder übermäßigem Konsum abhängig wird. Diese Art von Genuss wird uns als Belohnung versprochen. Nach der Arbeit, mit genügend Geld in der Tasche können wir uns solche Genüsse leisten. Wir benutzen sie, um eine innere Leere zu füllen oder uns körperlich und emotional funktionsfähig zu halten, wieder „aufzuladen“. Einige Genussmittel funktionieren dabei auch als Statussymbol. Wer sich die teurere Version oder mehr von Alkohol, Kaffee, Zigarren oder Spezialitäten leisten kann, hat es „geschafft“ und hat ein „gutes Leben“. Auch Urlaub fällt häufig in diese Kategorie von Status, Belohnung und Genussmittel. Er ist die Pause vom Alltag, in der ausnahmsweise und wohlverdient genossen werden kann und darf.

Auch Sex kann ein solches Genussmittel sein und genauso wie andere Drogen ein schales Gefühl hinterlassen, wenn der „Rausch“ abklingt. Die zurückgebliebene Leere kann man dann versuchen, mit mehr vom selben Stoff zu übertünchen. Und so passiert es auch immer wieder, dass Menschen auch in vermeintlich sexpositiven Settings andere Menschen als „Genussmittel“ konsumieren und sich selbst benutzt und konsumiert fühlen. Die Scham darüber kann man dann versuchen, durch andere Genussmittel oder mehr Sex zu übertönen.

Das schale Gefühl beim Genussmittelkonsum kommt daher, dass uns diese Genussmittel, wenn wir sie einfach nur konsumieren, einen kurzen Geschmack davon vermitteln, wie sich echter Genuss anfühlen könnte, sie uns dann aber mit unserer inneren Leere allein lassen. Echter Genuss hingegen ist nicht auf Konsum angewiesen, sondern lebt von unserer Fähigkeit zu genießen. Wenn wir wirklich genießen können, nehmen wir andersherum auch die Freuden der Genussmittel viel bewusster wahr.

Ein Genießen, das nicht einfach nur ein schneller Konsum ist, der uns mit einem schalen Gefühl im Mund zurücklässt, setzt voraus, im Hier und Jetzt zu sein und Sinnlichkeit zu erlauben. Es bedeutet, sich auf einen Genuss einzulassen, ihn auszukosten, zur Ruhe zu kommen und sich von einem Genuss berühren zu lassen, weich zu werden. Genießen ist außerdem etwas, das am besten funktioniert, wenn man es um seiner selbst willen tut, nicht als Ablenkung oder Kompensation. Das gilt für einen Sonnenuntergang, ein leckeres Essen, ein Konzert, einen Adrenalinkick oder eben auch für Sex.

Genuss ist dabei nicht „nützlich“, sondern er ist im besten Sinne „egoistisch“, nämlich einfach nur um seiner selbst willen schön. Genuss ist Nahrung und Verwöhnung für unsere Sinne. Dabei verbindet uns diese Art von Präsenz und „Egoismus“ mit uns selbst und unserer Umwelt. Unser Nervensystem reguliert und unsere Sinne öffnen sich. Leider scheint Sinnlichkeit im Alltag häufig unangemessen.

Für unser Nervensystem ist es aber auch in der Freizeit gar nicht so einfach, von Hektik auf Ruhe umzuschalten. Das ist nämlich ein ganz anderer Modus des Nervensystems, in dem unser gesamter Körper anders funktioniert, und für diese Umstellung braucht es ein bewusstes Aussteigen aus dem Stress. Trotzdem lohnt es sich, das zu üben, schon allein deshalb, weil es für unsere körperliche und seelische Gesundheit dringend notwendig ist.

Für manche ist Sex die große Ausnahme vom Alltag, in dem genau dieses Umschalten möglich ist; für andere ist es besonders beim Sex schwer, „abzuschalten“. Für viele ist es grundsätzlich schwierig, sich daran zu erinnern, wie das mit den bewussten Pausen und dem genauen Hinspüren funktioniert.

Zum Glück ist es oft so, dass sich Prinzipien übertragen lassen. Was uns in einem Bereich leicht fällt, können wir abstrahieren und versuchen, auf einen anderen Bereich zu übertragen.

Wenn wir beim Sex nicht abschalten können, aber bei einem Sonnenuntergang alles um uns herum vergessen, können wir herausfinden, warum uns das beim Sonnenuntergang so gut gelingt: Vielleicht, weil wir ihn für ein unerwartetes Geschenk halten, nichts verpassen wollen oder er vergänglich ist? Oder, weil wir uns nicht beobachtet oder in Handlungszwang fühlen? Die Erkenntnisse können wir versuchen, in den Sex zu übertragen. Anders herum kann das genauso gelingen: Wenn es uns im Sex gelingt, ganz abzuschalten, aber wir allein auf dem Sofa nicht zur Ruhe kommen, egal, wie viele Genüsse wir konsumieren, lohnt es sich herauszufinden, welche Aspekte wir vielleicht übertragen können. Brauchen wir vielleicht mehr Intensität im Leben, mehr Körperkontakt, mehr Überraschungen oder mehr Zufriedenheit damit, wer wir sind, um wirklich entspannen zu können?

Um genießen zu üben ist es hilfreich, sich Genuss und Pausen in den Alltag einzubauen, aber auch, herauszufinden, in welchen Bereichen das vielleicht schon gut gelingt. Dann lohnt es sich, zu analysieren, wann und warum es gelingt und zu versuchen, die Zutaten dazu bewusst zu fördern.

Im Sex ist klar: Wenn ich nicht genießen kann, ist es für jemand anderen* natürlich unmöglich, mir Genuss zu bereiten. Wenn ich jemand anderen* zum Genießen einladen will, muss das in seinem*ihrem Tempo sein, sonst kann das Nervensystem sich nicht darauf einstellen. Stress und Genuss widersprechen sich.

# GRENZEN. IST DAS SCHUTZ ODER KANN DAS WEG?

Grenzen zu respektieren ist nicht nur politisch korrekt, sondern unumgänglich für einvernehmlichen Sex. Und das gilt nicht nur für ein Gegenüber, das unsere Grenzen respektieren soll, und für uns, die wir die Grenzen anderer respektieren müssen. Es gilt auch für uns selbst, die wir lernen müssen, in einer Welt, in der Achtsamkeit wenig Raum hat, achtsam mit uns selbst umzugehen und uns nicht zu überfordern oder selbst auszubeuten. Je besser wir selbst unsere Grenzen kennen und respektieren, desto leichter fällt es uns, das von anderen einzufordern. Und je besser es uns selbst gelingt, mit Grenzen und Zurückweisung umzugehen, desto leichter fällt es uns auch, das anderen zuzutrauen und zuzumuten.

Gleichzeitig gehört zu einer erfüllten Sexualität oft auch das Spielen mit und das Erweitern von Grenzen. Das Einlassen auf neue Erfahrungen, also das Loslassen von Grenzen und ihre Überwindung sind Teil des Spannungsfelds, der Selbsterforschung, Selbstverwirklichung und des Abenteuers. Wie passt das zusammen? Ist das nicht ein Widerspruch? Und was ist, wenn bei dem Versuch der Grenzerweiterung unangenehme Erlebnisse entstehen?

Das, was wie ein unlösbarer Widerspruch aussehen mag, kann in Wirklichkeit gleichzeitig wahr sein.

Um Grenzen überwinden zu können, müssen wir sie erst einmal anerkennen. Wenn wir sie einfach nur weg haben wollen und mit Gewalt versuchen, sie zu beseitigen oder sie ignorieren, verschwinden sie nicht. Im Gegenteil: Die Widerstände werden stärker, sie werden unüberwindbar. Das gilt sowohl, wenn jemand anderes uns drängt, als auch, wenn wir uns selbst drängen.

In meinen Workshops gibt es immer wieder Situationen, in denen Unsicherheit und Schüchternheit im Raum aufkommen und Teilnehmende sich nicht sicher sind, ob und wie sie die nächste Übung machen wollen. Dann erkläre ich, dass es einerseits jederzeit die Möglichkeit gibt, an dieser Übung nicht teilzunehmen oder sie abzuwandeln. Falls sie sich jedoch dafür entscheiden sollten, den nächsten Schritt mitzumachen, gibt es zwei Optionen: Man kann „die Zähne zusammenbeißen und die Sache durchziehen" oder – und das scheint mir der sinnvollere Weg – sich die Zeit und die Ruhe nehmen, die es braucht, damit sich der nächste Schritt gut anfühlt.

Sobald wir die Grenze nämlich akzeptieren und liebevoll mit ihr umgehen, wenn wir ihr also erlauben zu existieren, und bereit sind, auf sie zu hören, kann sich etwas in uns entspannen. Vielleicht entsteht jetzt sogar die Möglichkeit, die Grenze zu erweitern. Die Zauberformel besteht dabei vor allem aus Freiheit, Selbstbestimmung und Vertrauen. Aus einem selbstbestimmten Zustand heraus kann eine Neugier auf das entstehen, was hinter dem Zaun wächst, den wir gezogen haben. Wenn wir den Zaun die ganze Zeit verteidigen müssen, haben wir keine Kapazitäten, darüber nachzudenken, ob wir ihn vielleicht irgendwann einmal abbauen wollen. Im Gegenteil, er ist notwendiger denn je.

Wer mit dem Gefühl von Selbstbestimmung und Neugierde neue Bereiche der eigenen Sexualität auslotet, macht dabei natürlich nicht nur rosarote Erfahrungen. Ebenso wie ein neues Kuchenrezept oder eine neue Wandfarbe manchmal total danebengehen, können auch sexuelle Experimente misslingen. Aber genauso kann es eben auch passieren, dass wir ganz wunderbare und unerwartete Erfahrungen machen und neue Seiten von uns selbst kennenlernen.

Zum Grenzen-Überwinden gehört deswegen auch immer die nötige Zeit, Erfahrungen zu verarbeiten, egal, ob sie sich gut, schlecht oder noch gar nicht so genau definierbar anfühlen. Intensive Erfahrungen brauchen Zeit, um in Körper und Psyche integriert zu werden. Auch Austausch mit anderen Menschen kann helfen, Erlebnisse und Gefühle zu sortieren. Zu wissen, dass es anschließend dafür ausreichend Raum geben wird, kann helfen, den Mut für Experimente aufzubringen. Sich selbst oder andere über Grenzen zu drängen, ist Gewalt. Sich selbst oder anderen grenzüberschreitende Erfahrungen liebevoll möglich zu machen, kann ein wundervolles Geschenk sein.

Diese respektvolle Art der Grenzerweiterung braucht Kommunikation mit sich und anderen.

Hilfreiche Fragen können dabei z. B. sein: „Will ich überhaupt Sex?“ – „Will ich *das* konkret?“ – „Will ich das mit diesem Menschen?“ – „Will ich das jetzt? Hier? So?“ – „Was brauche ich?“ – „Was wünsche ich mir?“ – „Was wären gute Alternativen?“ – „Gibt es eine Möglichkeit, sich vorsichtig heranzutasten?“ – „Wie kommunizieren wir, wenn ich aus der Situation wieder herauswill, sollte es mir nicht gefallen oder zu viel werden?“

Aus der Swingerclub-Szene kommt der Spruch: „Alles kann, nichts muss.“ Ich finde, man kann ihn auf andere Szenen, Sexualität im Allgemeinen und den Umgang mit Grenzen übertragen. Alles darf sein, aber nichts davon sollte Druck auslösen. Die Erforschung der eigenen Komfort-Zone und Grenzbereiche ist immer eine individuelle Reise und niemand kann besser wissen, was für dich richtig ist als du selbst.

# KONTROLLE UND SELBSTBESTIMMUNG

Sex ist für viele Menschen ein Bereich, in dem sie Kontrolle abgeben, sich fallenlassen und ihr Alltags-Ich loslassen wollen. Manche wünschen sich sogar, dominiert zu werden, also gezwungen zu sein, Kontrolle loszulassen. Widerspricht das nicht dem Anspruch auf Selbstbestimmung?

Einerseits bedeutet dieses „Kontrolle abgeben" für viele Menschen vor allem, „aus dem Kopf herauszukommen". D.h., es geht um eine bestimmte Art von Kontrolle, die als anstrengend erlebt wird, nämlich die, ständig alles mit dem Kopf entscheiden und überwachen zu müssen. Die Sehnsucht ist, mehr im Körper zu sein, zu fühlen, statt zu denken, und sich unmittelbarer zu spüren; in einem Flow-Zustand zu sein. Ein Körper, der im Flow ist und gut spüren kann, ist jedoch nicht „außer Kontrolle", sondern kann, wenn das Umfeld stimmt, in sehr direkter und klarer Kommunikation sein. In dieser Unmittelbarkeit kann man auch ohne „Verkopftheit" sehr wohl Entscheidungen treffen und Situationen und Handlungen bestimmen.

Andererseits hängt die Selbstbestimmtheit des Kontrollverlustes davon ab, wie bewusst und mit wie viel Wahlfreiheit die Entscheidung dazu getroffen wurde.

Wird Kontrolle abgegeben oder entzogen? Wird Kontrolle aktiv übernommen oder Verantwortung aufgedrängt? Und hatten wir eine wirkliche Wahl oder haben wir einfach das gemacht, was geschlechtsspezifische Sozialisation uns einprogrammiert hat? Wüssten wir auch, wie es anders ginge?

In BDSM-Spielen mit Dominanz und Unterwerfung, Kontrollverlust und/oder Schmerz scheint es von außen leicht so, als hätte die Person, die sich in der gespielten Hierarchie unten befindet, weniger Macht. Mit ihr werden schließlich Dinge getan, die in einem anderen Setting und ohne Einvernehmlichkeit Gewalt wären. Menschen, die solche Spiele kennen, beschreiben es allerdings oft genau andersherum. Vor einem

Spiel wird sehr genau abgesprochen, welche Erfahrung sich die submissive Person wünscht, wo ihre Grenzen und Unsicherheiten liegen und wie während des Spiels kommuniziert wird. Dadurch, dass sich jemand einer anderen Person unterwirft, schenkt er*sie ihr ein gewaltiges Vertrauen. Das gibt der dominanten Person Macht, aber eben auch Verantwortung. In einer einvernehmlichen Dynamik bedeutet dies, dass die im Spiel dominierende Person sehr genau auf die submissive Person achtet, um genau mitzubekommen, wie es der*dem anderen geht. So geben letztendlich die Grenzen und Wünsche der submissiven Person Tempo und Intensität für die dominante Person vor. Das kann so weit gehen, dass die dominante Person ihre eigenen Wünsche komplett zurückstellt, um der submissiven Person ein möglichst tiefes Erleben zu ermöglichen.

Das mag manchen Menschen ohne BDSM-Neigungen vielleicht in ähnlicher Weise vom Standardtanzen bekannt vorkommen: Wer gut führen will, muss sich ganz in den Körper der geführten Person hineinspüren und den Führungsstil den Möglichkeiten des anderen Körpers anpassen, weil es sonst statt eines gemeinsamen Tanzes ein Schieben und Zerren würde. Wenn jedoch jemand einfühlsam führt, entsteht Vertrauen. Die geführte Person kann sich weiter entspannen und sich eventuell sogar in unbekannte Figuren hineinführen lassen, die er*sie sich vom Verstand her nicht zugetraut hätte.

Kontrolle abzugeben ist also immer ein Zusammenspiel damit, wie die andere/n Person/en die Kontrolle übernehmen. Kontrolle abzugeben ist im Gegensatz zum Kontrollverlust ein bewusster und freiwilliger Prozess. In einer konsensuellen Interaktion kann er jederzeit wieder rückgängig gemacht werden. Eine Person, die Kontrolle abgibt, bekommt sie also jederzeit zurück, wenn sie das möchte. Und natürlich muss niemand die Kontrolle übernehmen, bloß, weil die andere Person sich das wünscht. In einem einvernehmlichen Setting ist auch das eine freie Entscheidung.

Auch gemeinsam ist es möglich, Kontrolle loszulassen und in Lust und Körpergefühl einzutauchen. Während hier das Potential eines gemeinsamen Flow-Erlebnisses winkt, besteht gleichzeitig die Gefahr, verloren zu gehen und verkatert wieder aufzutauchen. Gleichzeitig ganz Körper zu sein und auf sich und die Grenzen der anderen Person/en aufzupassen, ist eine hohe Kunst, die geübt werden will. Wenn man das möchte, tastet man sich am besten über klare Kommunikation schrittweise heran. Die Gefahr ist, dass statt unmittelbarer körperlicher und intuitiver Kommunikation Mainstream-Bilder von funktionierendem wortlosen Sex und eigene Muster abgespult werden, die auf Gefälligkeit, Nützlichkeit oder Egoismus gepolt sind. Auch hier können Betty Martins Methoden (z. B. das 3-Minuten-Spiel) helfen, sortiert zu bleiben und sich nicht in Automatismen und Mustern zu verlaufen.

## VERTRAU ICH DIR? VERTRAU ICH MIR?

Viele Menschen sagen, dass sie für schönen Sex Vertrauen brauchen. Aber was heißt das eigentlich? In der Regel meinen wir damit ein diffuses Rundum-Paket. Wir erwarten, dass die andere Person sich entsprechend verhält, damit wir ihr vertrauen können. Was das genau ist, bleibt in der Regel undefiniert. Wir erwarten einfach, dass jemand uns etwas abliefert, das dann bei uns zu diesem Gefühl von Vertrauen führt. Die andere Person soll am besten selbst wissen, was das ist.

Vertrauen hat aber unzählige Ebenen und auch hier lohnt es sich zu differenzieren.

Ich kann jemandem beim Sex vertrauen, dass er*sie nicht absichtlich meine Grenzen verletzt und meine Signale gut wahrnimmt. Möglicherweise will ich aber im Alltag einige Themen nicht mit ihm*ihr besprechen, weil er*sie mir nicht ausreichend sensibel dafür erscheint. Ich kann mit jemandem eine wunderschöne tiefschürfende, ehrliche respektvolle Kommunikation über persönliche Themen genießen, aber im Bett sind wir einfach überhaupt nicht kompatibel. Ich kann mit jemandem keine Gesprächsebene finden und auf keinen Fall Sex wollen, aber beim Klettern weiß ich, dass die Person mich niemals in Gefahr bringen würde.

Vertrauen hat meist mit Zuverlässigkeit und Nähe zu tun, diese wiederum können wir auf verschiedenen Ebenen erfahren. Jemand kann zugewandt, liebevoll, aufmerksam und sensibel in einer konkreten Begegnung sein, aber absolut unzuverlässig im Kontakthalten oder bei Absprachen. Das bedeutet, dass ich in einer konkreten Begegnung dieser Person zwar stark vertrauen kann. Wenn ich allerdings darauf hoffe, dass sie*er sich daraufhin regelmäßig bei mir meldet, werde ich wahrscheinlich tief enttäuscht. Es lohnt sich, zu schauen, welche Art und auf welcher Ebene Vertrauen für dich persönlich gerade wichtig ist.

Vertrauen ist kein Blankoscheck für alle Bereiche und Vertrauen heißt nicht, dass jemand anderes allen Vorstellungen von „perfekt“ entsprechen muss. Wenn man sich nur dann auf jemanden einlässt, wenn dieser andere Mensch perfekt ist und das ausgiebig beweist, wird man über kurz oder lang die andere Person dafür verantwortlich machen, dass man sich nicht einlassen kann. Denn auch diese andere Person hat Macken, Eigenheiten und unbequeme Bedürfnisse. Genauso wie wir selbst findet er*sie für sich heraus, wie er*sie tickt, was er*sie braucht und was ihm*ihr guttut, und muss dabei manchmal egoistisch sein oder überreagieren, um sich selbst treu zu bleiben und herauszufinden, wo die Mitte ist. Und auch diese andere Person ist verletzlich und hofft darauf, vertrauen zu können.

Einlassen ist aber etwas, für das die sich einlassende Person selbst verantwortlich ist. Ich muss mich selbst dafür entscheiden, ob ich mich grundsätzlich und dieser Person im Besonderen öffnen will und wie weit ich gehen möchte. Ich muss für mich selbst und meine ganzen verletzten inneren Anteile Verantwortung übernehmen und entscheiden, ob diese Begegnung eine gute Idee ist, und das Risiko in Kauf nehmen, verletzt zu werden. Reichen mir die Ebenen, auf denen ich Vertrauen zum Gegenüber haben kann für das, was ich mir wünsche, oder reichen sie mir nicht? Das hängt nicht nur von der anderen Person ab, sondern eben auch davon, was man selbst jetzt in diesem Moment will und braucht. Jede*r muss entscheiden, welches Tempo und welches Miteinander sie*er möchte, um welchen Teil von sich zu zeigen und sich wie weit emotional einzulassen. Das kann einem*r niemand abnehmen.

Es ist also wichtig, herauszufinden, wie sehr und in welchen Bereichen man einer anderen Person vertrauen kann, und dabei der eigenen Wahrnehmung zu trauen. Das Vertrauen in eine andere Person kann aber das Vertrauen in sich selbst nicht ersetzen. Für einen sicheren und guten Kontakt sollten beide Ebenen sich ergänzen.

Ich kann vertrauen, dass jemand es gut mit mir meint und mir nicht absichtlich weh tut, wenn es sich vermeiden lässt. Wahrscheinlich fühle ich mich in einer längerfristigen Beziehung trotzdem zu irgendeinem Zeitpunkt verletzt. Vielleicht durch Missverständnisse oder eine Unachtsamkeit der anderen

Person, vielleicht dadurch, dass wir unterschiedliche Bedürfnisse haben, oder durch eine Grenze der anderen Person, von der ich mich abgewiesen oder abgelehnt fühle. Vielleicht dadurch, dass ich erkennen muss, dass ich meine schönen Pläne und Phantasien für uns beide eben doch alleine gemacht habe und die andere Person auch Pläne und Phantasien hat, die möglicherweise nicht zu meinen passen. Es lässt sich nicht vermeiden, Verletzungen auszulösen, wenn man sich selbst treu bleibt und sich auf große Nähe einlässt.

Dafür ist es notwendig, eben auch ein Vertrauensverhältnis mit sich selbst aufzubauen. Man kann lernen, sich selbst zu vertrauen, dass man in der Lage ist, bei emotionalem Schmerz gut für sich zu sorgen. Man kann sich bewusst entscheiden, wie sehr man sich jemandem gegenüber öffnen will und dafür Verantwortung übernehmen. Man kann sich selbst versprechen: „Wenn diese Person morgen weg ist oder mich verletzt, werde ich dadurch möglicherweise sehr traurig. Ich werde aber in der Lage sein, mit diesen Gefühlen umzugehen, mir Unterstützung zu holen und ich werde weiterleben und ein gutes Leben haben." Für sich selbst zu sorgen und sich selbst gegenüber vertrauenswürdig zu erweisen kann dann auch bedeuten, auf etwas zu verzichten, was gerade emotional zu viel wäre.

Man kann sich selbst darin vertrauen, dass man merkt, wenn es jemand nicht gut mit einem*einer meint oder sich etwas nicht gut anfühlt. Man kann üben, sich zu schützen: nämlich Grenzen zu ziehen und sich emotional selbst zu stabilisieren und zu versorgen. Man kann lernen, der eigenen Wahrnehmung zu trauen und zu ihr zu stehen.

Unsere Sexualität und unsere Körper sollten uns vertrauen können, dass wir gut auf sie aufpassen und auf unsere Wahrnehmung hören, Grenzen ziehen und Wünsche äußern. Man kann lernen, für sie einzustehenund dadurch sich selbst immer weiter zu vertrauen. So werden wir mit uns selbst ein unschlagbares Team. Sich selbst zu vertrauen, statt Verantwortung abzugeben ist auch ein wirkungsvolles Mittel, um ein klares Gegenüber für andere zu sein. Dadurch werden wir selbst wiederum vertrauenswürdiger. Jemandem zu vertrauen heißt dann nicht, sich komplett auszuliefern, sondern sich einzulassen auf echte Begegnung, auf eine Reise, auf einen Prozess miteinander.

Es ist schön, jemandem zu vertrauen. Es bedeutet, zuzulassen, das Wohlwollen, die Achtsamkeit, das Interesse, vielleicht auch die Liebe der anderen Person zu spüren, zu glauben und sich zu entspannen. Sich selbst zu vertrauen heißt dann auch, nicht rückwirkend alles infrage stellen zu müssen, wenn sich diese Gefühle irgendwann ändern. Die Wahrnehmung in diesem Moment kann trotzdem richtig gewesen sein. Jemandem zu vertrauen heißt dann nicht, betriebsblind zu werden, und nicht, Verantwortung abzugeben. Sich selbst zu vertrauen ist Selbstfürsorge und Autonomie. Jemand anderem* zu vertrauen bedeutet, sich einzulassen und Kontrolle loszulassen. Beides ist wichtig und gehört zusammen. Eins ohne das andere ist unvollständig und beides muss immer wieder neu ausbalanciert werden. Das richtige Gleichgewicht zu finden ist natürlich auch situationsabhängig. In einer Langzeitbeziehung wird das Vertrauensverhältnis anders sein als in einer anonymen Sexbegegnung.

Wenn wir möchten, dass eine andere Person uns vertraut, können wir das unterstützen, indem wir zeigen, dass uns die andere Person und ihre Bedürfnisse wichtig sind. Für manche Menschen ist dafür ein langer Kennenlernprozess unumgänglich. Die dafür nötigen Zutaten lassen sich aber auch in eine flüchtige Begegnung legen.

Damit andere uns vertrauen und sich mit gutem Gefühl auf uns einlassen zu können, ist es hilfreich, wenn wir

- zuverlässig sind, also tun, was wir sagen, und sagen, was wir tun. Dazu gehört auch, zu kommunizieren, wo Zuverlässigkeit nicht möglich ist oder uns schwerfällt.

- uns „lesbar“ und transparent für das Gegenüber anfühlen, andere also das Gefühl bekommen, wahrnehmen zu können, wie es uns geht und was wir vorhaben. Wenn wir keine „geheime Agenda“ haben und nicht mit etwas Wichtigem „hinterm Berg“ halten, können Menschen um uns herum sich entspannen.

- echtes Interesse am Wohlergehen anderer zeigen. Das kann auch „magst du es lieber so oder so"?, „soll ich langsamer machen?" oder ein Vorgespräch vor einem BDSM-Spiel sein.

- wir zu unserer eigenen Verletzlichkeit und Unsicherheit stehen können, statt darüber hinwegzuspielen.

## REALISTISCHE ERWARTUNGEN

Immer wieder lese oder höre ich in verschiedenen Kontexten, man solle keine Erwartungen an andere Menschen stellen und sich überhaupt Erwartungen abgewöhnen. Das finde ich nicht. Auch hier lohnt es sich, genauer hinzuschauen. Welche Erwartungen meinen wir? Geht es um Erwartungen, die uns daran hindern, im Kontakt mit dem zu sein, was real da ist? Wenn wir von uns erwarten zu funktionieren, von anderen, dass sie unsere Wünsche erfüllen und von diesem Abend, dass er perfekt wird, besteht die Gefahr, so sehr zu versuchen, dass sich diese Erwartungen auf Biegen und Brechen erfüllen, dass wir die Chance verpassen, aus dem, was da ist, das Beste zu machen und etwas über uns zu lernen. Vor allem verpassen wir, im Moment und authentisch zu sein, und verbauen uns damit die Chance auf Intimität und Genuss.

Genauso wie überhöhte Erwartungen kann uns aber auch der Anspruch, keine Erwartungen zu haben, die Erfahrung vermiesen, denn er kann in einen „Schutz-Pessimismus" umschlagen. Schutz-Pessimismus ist der Versuch, die Erwartungen herunterzuschrauben oder gar Negatives zu erwarten, um sich vor Enttäuschungen zu schützen. Ehrlicherweise müsste man zugeben, dass man natürlich Hoffnungen, Vorstellungen und Erwartungen hat. Um mit möglichen Enttäuschungen umzugehen, versucht man aber, sich das auszureden oder wegzudrücken. Oder man gibt es vor sich und anderen nicht zu, um vermeintlich „erwachsen" bzw. unkompliziert zu sein und dem erwartungsfreien Ideal zu entsprechen. Auch das ist letztendlich nicht authentisch.

Was ich stattdessen vorschlage, sind radikal realistische Erwartungen.

Sex ist zum Beispiel selten sofort einfach im Flow und geil. Unsicherheit in der Kommunikation und Rumpeln im Körperkontakt gehören dazu, einen neuen Körper und andere Menschen kennenzulernen und herauszufinden, wie zwei oder mehr

Körper miteinander in Kontakt treten. Erwarte also Rumpeln, erwarte, dass die andere Person das auch weiß, erwarte, dass ihr kommuniziert, erwarte, dass ihr aufgeregt und nervös seid. Erwarte realistisch. Wenn du auf ein Date oder zu einer Sexparty gehst, erwarte, dass alles Mögliche passieren kann. Das mögliche Spektrum reicht von uninspiriertem Herumhängen an der Bar oder verkrampfter Schüchternheit, vom Frust darüber, allein nach Hause zu gehen, nachdem man einen bösen Korb gekriegt hat, bis hin zu wunderschönen Begegnungen. Es ist aber auch möglich, dass du vielleicht selbst etwas anderes brauchst, als du dir ursprünglich vorgestellt hast und das nette Gespräch an der Bar das Beste und Passendste ist, was dir heute passieren konnte. Erwarte ein realistisches Spektrum von Möglichkeiten. Vergiss dabei aber nicht, auch das Gute zu erwarten.

Die Erwartungen, die uns nicht weiterhelfen, sind meistens eher Ansprüche. Ansprüche an uns, an andere und an die Welt zu haben ist oft kontraproduktiv. Niemand schuldet uns etwas.

Keine Ansprüche zu haben wäre aber ebenfalls ausgesprochen gefährlich, denn das würde bedeuten, sich zum Spielball zu machen. Ansprüche helfen uns, zu sortieren und Entscheidungen zu treffen, wo es uns hinzieht und wo wir nicht sein wollen. Es ist aber sinnvoll, sich zu entscheiden, mit welchen Ansprüchen man in die Welt schaut.

Wir können zum Beispiel keinen Anspruch darauf erheben, dass eine andere Person genau weiß, was wir wollen, und das erfüllt. Der Anspruch sollte aber unbedingt sein, dass eine Person, die mit dir Sex haben möchte, ein ehrliches Interesse hat, dass du Spaß daran hast, deine Impulse grundsätzlich willkommen sind und Feedback erwünscht ist. Den Anspruch an die andere Person zu haben, dass sie auf deine Bedürfnisse selbstverständlich und freundlich eingeht, ist also angemessen, genauso wie der Anspruch, dass die andere Person deinen Körper so akzeptiert, wie er ist. Und wenn diese Ansprüche nicht erfüllt werden, hast du jedes Recht, enttäuscht zu sein und die Situation zu beenden. Erwarte deswegen auch von dir, dass du Grenzen setzt, wenn du dich nicht angemessen behandelt fühlst.

Erwarte aber auch, dass die andere Person genauso unsicher ist wie du. Ja, auch wenn sie mehr Erfahrung, mehr Coolnessfaktoren, mehr Privilegien, mehr Selbstbewusstsein zu haben scheint.

Erwarte, dass auch die andere Person Schwierigkeiten hat, Wünsche und Grenzen wahrzunehmen und auszudrücken. Ermutige sie dazu. Erwarte, dass dein Gegenüber Unsicherheiten mit dem Aussehen des eigenen Körpers hat, egal, wie der Körper aussieht. Habe den Anspruch, dass ihr die Verantwortung für die sexuelle Begegnung teilt. Erwarte, dass ihr ein schönes Erlebnis daraus macht, wie auch immer ihr das konkret gestaltet. Erwarte Leichtigkeit und Humor, wenn etwas nicht klappt. Erwarte, dass euch das näherbringt und für ein nächstes Mal entspannter macht. Erwarte, dass du versuchst, mit der Ungewissheit entspannt umzugehen.

Erwarte von dir, dass du gut für dich sorgst und von der anderen Person, dass sie dich wertschätzend behandelt. Erwarte von dir, mit anderen respektvoll umzugehen und gelassen auf Zurückweisung zu reagieren. Lass die Performance los und sei dir selbst sympathisch.

Für positive Erwartungen und Ansprüche kannst du Verantwortung übernehmen. Du kannst dafür sorgen, dass du in einem Zustand bist, in dem es dir möglichst gut gelingt, deine Erwartungen an dich selbst zu erfüllen, deine Erwartungen an andere auszudrücken und Klarheit gegenüber Menschen zu zeigen, die deine Ansprüche daran, wie du behandelt werden möchtest, enttäuschen. In diesem Fall helfen die klaren Erwartungen, dass sich die Wahrscheinlichkeit auf ein schönes Erlebnis erhöht.

## WENN ICH ERST NACHHER MERKE, DASS ETWAS ZU VIEL WAR?

In konsensueller Sexualität wird deswegen aktiv nach Jas gesucht, statt weiterzumachen, bis ein Nein kommt, weil Grenzen zu fühlen und zu setzen eine schwierige Aufgabe ist und die Fähigkeit dazu nicht selbstverständlich vorausgesetzt werden kann. Je leichter es jedoch fällt, Wünsche und Grenzen zu äußern, desto leichter wird es auch, sie wahrzunehmen.

Allerdings geht es einigen Menschen so, dass sie erst zeitversetzt merken, wenn eine sexuelle Handlung ihnen zu viel war oder sich sogar übergriffig angefühlt hat.

Vielen Menschen fällt es parallel dazu auch in anderen Bereichen schwer, zu wissen, was sie wollen und fühlen, wenn Ansprüche oder Wünsche an sie gerichtet werden. Aufregung, Selbstbild und Vorstellungen von Sex spielen im sexuellen Bereich zusätzlich mit hinein. Auch Verwirrung, wenn sich etwas nicht deutlich in „gut" oder „schlecht" einteilen lässt, kann eine Rolle dabei spielen, dass ein klares Gefühl sich erst spät einstellt. Vielen Menschen ist das bekannt und es ist ihnen oftmals unangenehm. Sie schämen sich dafür, das nicht besser zu können, fühlen sich unzulänglich und haben Minderwertigkeitskomplexe, weil sie nicht das klare, „emanzipierte", sexpositive unproblematische Gegenüber sind, das sie gerne sein würden oder von dem sie vermittelt bekommen haben, sie sollten es sein. Menschen, die negative oder gar traumatisierende Erfahrungen mit Sexualität machen mussten, haben hier oft besondere Mühe. Erstens sind durch ihre Erfahrungen sexuelle Situationen tendenziell stressbehaftet und zweitens gehört eine verzögerte Gefühlsreaktion in Stresssituationen zu den typischen Folgesymptomen von Trauma. Je mehr eine Situation mit Stress aufgeladen ist, desto weniger können sich andere Gefühle zeigen.

Traumatische Erfahrungen im sexuellen Bereich betreffen eine ganze Menge Menschen. Offizielle Zahlen gehen davon aus, dass ca. jede dritte Frau* und jeder siebte Mann* in ihrer*seiner Kindheit und Jugend sexualisierte Gewalt erlebt hat. Das sind hohe Zahlen, die verdeutlichen, dass selbst diejenigen, die von Übergriffen verschont wurden, alltäglich davon betroffen sind, da sie Kontakte und Beziehungen mit Menschen haben, die sexuelles Trauma mit sich herumtragen. Die Wahrscheinlichkeit, dass wir in unserem Leben in keinen näheren Kontakt mit Menschen kommen, die negative Erfahrungen mit Sexualität gemacht haben, ist verschwindend gering. Trotzdem wird in unserer Gesellschaft so getan, als wären derartige Traumata insgesamt eine Ausnahmeerscheinung und die Opfer eine kleine Minderheit oder auch, als könnten wir die männlichen* Opfer in Anbetracht der höheren weiblichen* Opferzahl ignorieren.

Gerade in linken, feministischen und queeren Kreisen gibt es oft ein starkes Bewusstsein für Trauma und den Wunsch, „alles richtig" zu machen, um weder selbst übergriffig zu sein noch unangenehme Gefühle oder Erinnerungen hervorzurufen. Leider ist im Sex aber trotz bester Absichten nicht wirklich auszuschließen, dass unangenehme Gefühle aufkommen können. Ein Trigger – also ein Auslöser für sich plötzlich intensiv aufdrängende Erinnerungen an ein Trauma – kann so vieles und auch unvorhersehbar sein: Bestimmte Berührungen, ein ganz spezifischer Tonfall, ein Geruch und sogar eine gut gemeinte Frage kann diese sogenannten Flashbacks auslösen.

Dadurch, dass es gerade traumatisierten Menschen oft so schwerfällt, direkt zu merken und zu kommunizieren, wenn sich etwas unangenehm anfühlt oder zu viel ist, kommt es zudem leicht zu Situationen, in denen sich im Nachhinein das Gefühl zu einer Situation oder Handlung verändert. Etwas, das jemand direkt in der Situation als okay oder sogar angenehm wahrgenommen hat, kann sich rückblickend in eine eklige Erinnerung verwandeln oder wieder in Zweifel gestellt werden. Manchmal verschwimmen auch die Grenzen, wenn etwas, das eigentlich angenehm war, irgendwann in ein Zuviel kippt und der richtige Moment für eine Pause oder für das Aufhören verpasst wurde.

Das kann natürlich für alle Beteiligten schwierig sein und verursacht schnell Unsicherheit im Kontakt. Außerdem kann es zu

Ängsten und Schuldgefühlen auf allen Seiten führen, wenn eine Situation nachträglich anders bewertet wird, als sie im erlebten Moment aussah.

Wir sind daran gewöhnt zu denken: Wenn sich nach einer Interaktion zweier Menschen eine der Personen schlecht fühlt, muss die andere Person etwas getan haben, um das zu verursachen. In manchen Fällen muss das aber nicht unbedingt so sein, weil in dem konkreten Moment keiner der beteiligten Personen klar war oder klar sein konnte, wie sich etwas im Nachhinein anfühlen würde. Das kann sehr verwirrend sein.

Ein Opt-In-Setting zu schaffen, also z. B. detailliert vor Handlungen nach Zustimmung zu fragen, Pausen zu machen, auf guten Kontakt zu achten ist daher hilfreich, um ein schlechtes Gefühl im Nachhinein zu vermeiden und kann ermöglichen, genauer hinzuspüren. Vielleicht geht dadurch etwas vom potenziellen Flow verloren, und womöglich führt es immer wieder zu unentspannten Situationen, wenn das Suchen nach Formulierungen eine Weile dauert. Auf lange Sicht baut es aber eher Entspannung und Vertrauen auf, lieber zu behutsam zu sein, als zu schnell vorzupreschen und verbale Kommunikation zu normalisieren. Auch hier ist es wichtig, nicht in die heteronormative Falle zu tappen. Statistisch gesehen werden weiblich sozialisierte Menschen deutlich häufiger Opfer von sexualisierter Gewalt. Den Körper zu „verlassen“, nicht zu fühlen, auszuhalten und dabei vielleicht sogar positive Signale zu senden kann Teil einer tief verinnerlichten Überlebensstrategie sein. Außerdem lernen weiblich sozialisierte Menschen in unserer Gesellschaft tendenziell, ihre Bedürfnisse anderen anzupassen und dass ihr Status und Sicherheit davon abhängen, anderen zu gefallen. Auch in einer wohlwollenden, achtsamen Begegnung kann es schwer sein, diese erlernten Muster abzulegen. Das sollten wir im Kopf behalten.

Statistik spielt in einer individuellen Begegnung aber nur eine untergeordnete Rolle. Es begegnen sich konkrete Menschen mit ihren individuellen Geschichten und Erfahrungen. Behutsamkeit kann hier für Menschen jeden Geschlechts wichtig, horizonterweiternd und sogar heilsam sein. Biographien sind komplexer als Statistiken. Auch männlich sozialisierte Menschen sind oft nicht daran gewöhnt, dass mit ihnen behutsam und achtsam umgegangen wird, so dass sie tief berührt sind, wenn sie es erleben dürfen. Die Härte, mit der die Gesellschaft ihnen begegnet, kann dazu führen, dass sie mit anderen so umgehen, wie sie es selbst erleben, und Grenzen bei sich und anderen nicht wahrnehmen oder respektieren. Auch sie können sich im Performancedruck verlieren und über ihre Grenzen gehen, weil sie gar nicht daran gewöhnt sind, diese zu spüren und zu respektieren oder weiterhin ernst genommen zu werden, wenn sie nicht funktionieren und vermeintliche „Schwäche" zeigen.

Auch Männer* können Opfer von sexualisierter und anderer Gewalt sein, auch ohne es selbst bewusst zu wissen. Wir sollten dringend üben, auch Männer* als empfindsame und verletzliche Wesen zu behandeln.

Um zu lernen, Bedürfnisse und Grenzen unmittelbarer zu spüren, lohnt es sich, ihnen in dem Moment, wenn sie uns bewusst werden, Aufmerksamkeit zu schenken. Wenn das Ereignis, zu dem die Gefühle gehören schon eine Weile vorbei ist, kann der Impuls sein, sie wegzudrücken, da es ja nicht mehr möglich ist, an der Situation noch etwas zu verändern. Die Hoffnung mag sein, beim nächsten Mal einfach besser auf sich zu achten.

Um bei einer nächsten Situation früher zu merken, wann es zu viel wird, eine Grenze erreicht oder überschritten wurde, ist es allerdings hilfreich, sich den verspäteten Gefühlen zuzuwenden. Was brauchen sie? Was hätten sie sich gewünscht? Wodurch wurden sie behindert, sich zu zeigen? Hilft es, darüber zu sprechen? Wie können Trost, Beruhigung und Ermutigung passieren? Gibt es Wut, die ausgedrückt werden muss? Trauer?

Wenn wir Gefühlen die Erlaubnis geben, sich zu zeigen, werden sie mutiger und unmittelbarer. Wenn sie sich willkommen fühlen, werden sie zeitlich immer näher zum auslösenden Ereignis auftauchen und auch immer elegantere Wege finden, sich auszudrücken.

# KONSENSUNFÄLLE

Egal, wie sehr wir bemüht sind, alles richtig zu machen, toll zu kommunizieren und super achtsam zu sein: Manchmal geht trotzdem etwas schief. Auch Unfälle müssen wir in unsere radikal realistischen Erwartungen miteinbeziehen. Unfälle können zum Beispiel Missverständnisse oder Grenzverletzungen sein, die aus Unsicherheit, Performance-Stress oder Tollpatschigkeit geschehen.

Jemand folgt einem spontanen Impuls und tut etwas, das für jemand anderes ein Trigger ist. Jemand möchte etwas wiederholen, das das letzte Mal schön war, sich dieses Mal aber falsch anfühlt. Oder alle Beteiligten wollen der/den anderen Person/en den Spaß nicht verderben und machen länger weiter, als es sich gut anfühlt. Manchmal scheint etwas klar, aber verschiedene Vorstellungen von der gleichen Sache oder unterschiedliche kulturelle Konnotationen werden erst im Nachhinein deutlich. Sprachbarrieren können dazu führen, dass unklar bleibt, ob man wirklich von derselben Absprache ausgeht. Auch Missverständnisse und fehlende Absprachen über Safer-Sex-Praktiken kommen vor.

Konsensunfälle können klein sein, so dass man gemeinsam darüber lachen kann. Ich habe zum Beispiel einmal eine wunderschöne kreative und sinnliche Begegnung mit einer anderen Person gehabt, die uns beide sehr beglückt und überrascht hat. Erst, als wir nachher noch einmal darüber gesprochen haben, stellten wir fest, dass beide davon ausgegangen waren, dass die andere Person genau das vorgeschlagen hat, was wir gemacht hatten. Es stellte sich heraus, dass wir ein sprachliches Missverständnis hatten.

Natürlich sind nicht alle Konsensunfälle so angenehm. Manchmal führen sie dazu, dass sich ein oder sogar alle Beteiligten verletzt fühlen. Oftmals sind alle Beteiligten geschockt und verunsichert.

Denn leider ist es nicht so, dass sich unangenehme Situationen auf Übergriffe beschränken. Wenn sich jemand übergriffig verhält, ist dieser Person das Wohlergehen der anderen Beteiligten egal oder weniger wichtig. Sie gibt vielleicht vor zu wissen, was für die andere Person das Richtige sei, ohne sie dabei allerdings einzubeziehen, oder jemand meint, zu seiner Rolle gehöre es, sich durchzusetzen und zu „erobern", und ignoriert dabei Abwehrsignale oder Verwirrung der anderen Person. Jemand, der*die sich übergriffig verhält, versucht, die Grenzen einer anderen Person zu übertreten oder zu den eigenen Gunsten zu verschieben. Das muss nicht immer körperliche Gewalt sein. Auch psychische Gewalt wie Beleidigen, Drohen oder Beschämen sowie manipulatives Verhalten wie Drängeln, Quengeln oder Verwirren gehören dazu. Es kann auch ein Ausnutzen der Unsicherheit oder Unfähigkeit einer anderen Person sein, Grenzen zu setzen.

Übergriffiges Verhalten kann auch ein unbewusstes angelerntes Muster sein, was wiederum oft geschlechtsspezifische Ausprägungen hat. Dadurch, dass die übergriffigen Verhaltensweisen einer Person selbst nicht unbedingt bewusst sind, werden sie allerdings nicht weniger übergriffig.

Konsensunfälle können hingegen auch in Konstellationen vorkommen, die eigentlich auf Einvernehmlichkeit angelegt sind und in denen ein ehrliches Interesse am Wohlergehen aller Beteiligten besteht.

Statt sich auf den Versuch zu beschränken Missverständnisse und unangenehme Erlebnisse zu vermeiden, ist es daher nötig, sich mental darauf vorzubereiten, dass das passieren kann. Es gilt also, nicht nur Unfälle zu verhindern, sondern auch einen Raum zu schaffen, in dem klar ist, dass trotz guten Willens Unfälle passieren und miteinander aufgelöst werden können. Das ist gar nicht so einfach, denn gerade, wenn allen Beteiligten Einvernehmlichkeit und die Lust der anderen Person/en wichtig sind, ist das Erschrecken über Unfälle oft groß. Über sexuelle Begegnungen im Nachhinein zu sprechen ist deswegen eine Möglichkeit, Austausch zu normalisieren und die Hemmschwelle zu senken, Schwierigkeiten anzusprechen. Auch ein

Austausch darüber oder ein bewusstes Experimentieren damit, was dabei hilft, gut bei sich bleiben zu können, kann nützlich sein. Besteht die Möglichkeit, sich über die auftauchenden unguten Gefühle auszutauschen? Existiert noch Raum für schöne Gefühle und Verbindendes oder werden diese ausgeklammert, sobald Leid auftaucht? Gibt es ein grundsätzliches Vertrauen, dass die Beteiligten es gut miteinander meinen? Verbindung und Wohlwollen zu spüren, sowie die Bereitschaft, sich auseinanderzusetzen, kann eine gute Basis sein, sich auf weitere gemeinsame Experimente einzulassen. Für die gefühlsmäßige Einordnung der Situation ist die Reaktion der mitbeteiligten Person/en oft ganz entscheidend.

Die nächsten (sexuellen) Begegnungen nach einem Konsensunfall brauchen unter Umständen besondere Vorsichtsmaßnahmen. Vorher abgesprochene Grenzen, die auch im größten Enthusiasmus nicht überschritten werden, können eine Möglichkeit sein. Häufigeres Einchecken oder Pausenmachen nimmt Tempo heraus und erlaubt zeitnahes Hinspüren und Nachjustieren, so dass wieder ein Gefühl von Selbstbestimmung und bewusstem Gestalten entstehen kann. Körperliche Begegnungen ohne Sex wie Massagen oder Tanzen ermöglichen, sich körperlich nah zu sein und Vertrauen aufzubauen, wenn Sex sich erst einmal zu riskant anfühlt. Wie ein Konsensunfall verarbeitet wird, hängt ganz wesentlich davon ab, wie der Umgang damit ist. Wenn es gelingt, daran zu wachsen und alle Beteiligten bereit sind, Verantwortung zu übernehmen, indem sie daraus lernen, kann ein Unfall im besten Fall sogar zu einer Bereicherung werden und sowohl die Beziehung als auch die sexuelle Selbstbestimmung stärken.

Alle Beteiligten können zu einer heilsamen Atmosphäre beitragen, indem sie sich selbst verletzlich und unsicher zeigen, gleichzeitig aber vermeiden, sich unnötig kleinzumachen und dadurch Verantwortungsübernahme abzuwehren. Selbstfürsorge und achtsame Selbstwahrnehmung zu üben sind wichtige Pfeiler davon. Das eigene Nein und das der anderen als selbstverständlichen Teil sexueller Kommunikation wertzuschätzen hilft, Unfälle weniger persönlich zu nehmen. Zu üben, klarer zu kommunizieren und außerdem andere darin zu bestärken, das Gleiche zu probieren, bringt im besten Falle alle Beteiligten einander näher. Auch die Möglichkeit, sich mit anderen Menschen als der Beziehungsperson über Sex auszutauschen, kann sehr unterstützend sein.

In Situationen, in denen es verschiedene Erinnerungen an oder Einschätzungen von der gleichen Situation gibt, ist es wichtig, genau zuzuhören und zu verstehen. Oft ist es aber nicht hilfreich zu versuchen, herauszufinden *wie es wirklich war.* Stattdessen ist der sinnvollste Weg nach vorne oft, gemeinsam auszuloten, wie es hätte sein können oder sollen, und daraus Absprachen und Lehren für die Zukunft abzuleiten. Dadurch wird zwar die Vergangenheit nicht geklärt, aber auf der Beziehungsebene vertieft sich das Vertrauen in die guten Absichten der anderen Person und ihr Bekenntnis zu Konsensualität. Bewusst eine negative Erfahrung mit einer gemeinsam choreografierten positiven Erfahrung zu überschreiben, ist sogar für manche Menschen ein Weg, zurück in die Selbstbestimmung zu finden.

Auch psychologisch ist es sinnvoll, negativen Gefühlen zwar so viel Raum zu geben, wie sie benötigen, einen großen Teil der zur Verfügung stehenden Energie aber darauf auszurichten, eine positive Zukunft und positive Gefühle zu imaginieren und zu gestalten, statt sich ausschließlich von der negativen Erinnerung definieren zu lassen.

# SAFE, SAFER UND BRAVE SPACES

Gerade aus feministischer Richtung gibt es oft den Versuch und den Wunsch, *safe spaces* – sichere Räume – zu schaffen. Das sollen Räume sein, in denen es möglich ist, sich ohne Angst vor Übergriffen verbaler oder körperlicher Art zu bewegen, zu entspannen und in Kontakt mit anderen zu kommen. Traditionell sind das Orte, zu denen Cis-Männer keinen Zutritt haben, da von diesem Teil der Bevölkerung statistisch gesehen am häufigsten Gewalt ausgeht.

Als jemand, die*der von Sexismus betroffen ist, zu erleben, wie sich ein wohlwollender Raum anfühlt, in dem Sexismus und toxische Männlichkeit keinen Platz haben, kann eine Offenbarung sein, heilsam wirken und eine ganz neue Dimension von Dasein eröffnen. Was traue ich mir zu, wenn ich mich nicht beweisen muss oder mich nach dem Wohlwollen von Cis-Männern ausrichte? Was möchte ich lernen, wenn mich niemand dabei lächerlich macht, mich unterbricht oder das Werkzeug aus der Hand nimmt? Wie nutze ich meinen Körper, meine Worte? Welchen Zugang zu Gefühlen und Grenzen habe ich, wenn der cis-männliche Blick im Raum fehlt? Wie viel Angst, die mit der Anwesenheit cis-männlicher Körper verbunden ist, kann abfallen und Platz machen für neue Erfahrungen?

Diese Räume haben sich weiterentwickelt. Statt nur für Cis-Frauen gibt es heutzutage Orte für verschiedene Gruppen, die sich als „safe spaces" verstehen. Es gibt Orte für alle Frauen*, für People of Colour, Queere Räume, Orte für queere People of Colour, Trans*orte, Männer*orte …

Wer einen solchen Raum einmal erleben durfte, weiß, dass das ein Schatz sein kann. Gleichzeitig ist oft die Enttäuschung und Verletzung umso größer, wenn sich auch ein solcher „safe space" als nicht hundertprozentig sicher entpuppt. Auch Angehörige marginalisierter Gruppen sind nicht automatisch harmonisch miteinander. Vielleicht gibt es Rassismus oder Klassismus, vielleicht verhält sich jemand übergriffig oder abwertend, auch hier gibt es z. B. verinnerlichte Misogynie, die trans*Frauen und Femmes erleben, und auch hier bringen wir Konkurrenzverhalten, Neid, Missgunst und ungesunde Konfliktmuster mit, mit denen wir einander verletzen. Sicherheit durch Homogenität ist eine Illusion.

Die Verletzung wird auch deswegen umso größer, weil das Postulat, man betrete einen sicheren Raum, dazu führen kann, die Verantwortung für die Atmosphäre, das Miteinander und die eigenen Gefühle an den Raum oder die Gastgeber*innen abzugeben und die Erwartung unrealistisch hochzuhängen. „Sicher“ ist ein großes Wort!

Ein Versuch, dieses Dilemma zu umgehen, ist, Orte nicht „*safe*“ – sicher –, sondern „*safer*“ – sicher*er* – zu nennen. Damit soll einerseits ein klares Bekenntnis zum Wunsch und Anspruch nach Sicherheit ausgedrückt werden, andererseits auch die klare Erkenntnis, dass es ein „sicher“ im vollumfänglichen und allgemein gültigen Sinne nicht geben kann und wird. So zeigen Veranstalter*innen ihre Grenzen und fordern die Teilnehmenden dazu auf, für sich selbst und andere in der Verantwortung zu bleiben.

Einen Ort oder eine Veranstaltung „*brave space*“ – einen mutigen Raum – zu nennen, ist ein weiterer Versuch, die Atmosphäre eines Raumes zu definieren. Hier wird der Anspruch daran aufgegeben, einen Ort sicher machen zu können. Gleichzeitig lädt diese Formulierung dazu ein, radikal zu sich, den eigenen Bedürfnissen, Wünschen und Grenzen zu stehen, sie auszudrücken und sich zu zeigen. Im Gegenzug steht das implizite Versprechen, dass genau das wertgeschätzt und erwünscht ist, so dass die Wahrscheinlichkeit steigt, mit dieser Art von Mut positive Erfahrungen zu machen und sowohl mit Grenzen als auch mit Wünschen willkommen zu sein. Sich mit schambesetzten und/oder noch unerforschten Teilen von sich selbst zeigen zu können und sich dabei wohlwollend betrachtet zu fühlen, kann eine transformative Erfahrung sein. Hier gibt es die Möglichkeit, dass Sicherheit auf einer anderen Ebene erlebt wird: nicht die Sicherheit, dass keine Unfälle und keine Verletzungen passieren werden, sondern die Sicherheit, so wie man ist, akzeptiert zu sein und sich darin bestärkt zu fühlen, sich selbst zu erforschen und zu sich zu stehen.

Jeder dieser Ansätze hat eine andere Gefühlsqualität und alle haben ihre Vorzüge und Schwierigkeiten.

In Bezug auf konsensuelle Sexualität ist die Frage, wie man einen Raum oder eine Begegnung so gestalten kann, dass Freiwilligkeit, Selbstbestimmung, gute Kommunikation, Wertschätzung für Grenzen und Wünsche sowie Genuss unterstützt werden. Wenn wir uns bewusst für diese Ziele entscheiden, können wir versuchen, an verschiedenen Stellschrauben zu drehen, um der richtigen Mischung immer näherzukommen.

Das Wichtigste dabei ist, die Qualitäten, die man sich vom Raum wünscht, selbst hineinzugeben. Wenn ich z. B. als Workshopleitung möchte, dass Teilnehmende authentisch sein können, sich trauen, Verletzlichkeit zu zeigen, aber auch dort zu sich zu stehen, wo sie schon wissen, wer sie sind und was sie wollen, sollte ich das vorleben und dadurch andere dazu ermutigen. Wenn ich Freiwilligkeit stärken will, muss ich als anleitende Person aushalten und sogar feiern, wenn jemand meine Übung nicht mitmacht oder nichts sagen will. Dazu kann ich sogar mit einer Auszeitecke und der Art, wie ich Spiele anleite, explizit einladen. Wenn ich möchte, dass Menschen sich trauen, Wünsche zu äußern, muss ich wertschätzend und interessiert auch dem zuhören können, was mir fremd ist, und mich davon gleichzeitig nicht automatisch persönlich gemeint oder zu einer Bewertung herausgefordert fühlen. Wenn ich einmal selbst unsicher bin, ist es hilfreicher, das zu zeigen, als darüber hinwegzuspielen.

Das alles gilt auch für sexuelle Begegnungen. Dadurch, wie ich mich verhalte, gestalte ich die Atmosphäre und definiere ich meine Werte. Wenn ich dabei zu dem stehe, was mir wichtig ist, kommt das allen Beteiligten zugute und lädt andere dazu ein, ebenfalls aktiv mitzugestalten und zu sich zu stehen. Wenn ich also will, dass z. B. Neinsagen ein selbstverständlicher Teil unserer Sexualität sein soll, ist es schlau, auch selbst mal Nein zu sagen. Wenn ich will, dass Pausen möglich und Wünsche willkommen sind, kann ich mit gutem Beispiel vorangehen.

# INTENTIONALE RÄUME

Bei konsensueller Sexualität ist das Lernen von konkreten Fähigkeiten ein wichtiger Faktor, um z. B. in der verbalen Kommunikation über Bedürfnisse, Wünsche und Grenzen klarer und selbstverständlicher zu werden. Es gibt Workshops, Bücher, Diskussionen, Videos und Podcasts dazu. Damit das nicht in Perfektionierungswahn und Bewertungslogik abgleitet, sollten wir uns daran erinnern, dass der Grundgedanke dahinter ist, Atmosphären herzustellen, innerhalb derer Einvernehmlichkeit gelingen kann.Dafür gibt es verschiedene „Bausteine". Einvernehmliche Atmosphären sind solche, in denen Menschen sich akzeptiert, wertgeschätzt, ernst genommen und wohlwollend betrachtet wissen. So fühlen sie sich von außen möglichst wenig unter Druck gesetzt, dafür aber so gut wie möglich in der Lage, zu fühlen, was sie (nicht) wollen, und das auch auszudrücken, also Entscheidungen gemeinsam einvernehmlich zu treffen. Es geht darum, Atmosphären herzustellen, die es wahrscheinlich machen, dass Schönes passieren kann.

Wie Atmosphären entstehen und gestaltet werden, ist ein delikates Puzzle und scheint vielfach eher Zufall oder Gefühlssache. Dabei nehmen wir Atmosphären oft als so gegeben hin wie die Luft, in der wir uns bewegen und uns wohl oder eben unwohl fühlen. Atmosphären und soziale Dynamiken sind aber etwas, das wir bewusst beeinflussen und gestalten können, und wir können versuchen, uns mit Menschen zu umgeben, die in dieser Hinsicht etwas Ähnliches wollen wie wir.

Ich nenne das einen „intentionalen Raum". Wenn wir etwas Spezielles vorhaben, legen wir oft eine besondere Aufmerksamkeit auf die Vorbereitung der Umstände, unter denen es stattfinden soll. Das ist eigentlich etwas Alltägliches. Wir decken den Tisch für das gemeinsame Abendessen, suchen Musik für den Besuch aus, ziehen uns für den Termin den guten Pullover an und waschen uns extra die Haare, bringen Blumen mit oder zünden für die Stimmung eine Kerze an. Wir lächeln einen Gast an und drücken unsere Freude über sein Erscheinen aus. All das tun wir mit der Intention, ein Ereignis gut werden zu lassen, ihm besondere Aufmerksamkeit zu schenken, den Rahmen so vorzubereiten, dass er das Gelingen unseres Wunsches unterstützt, und sei es nur, dass das Abendessen im Kreise der Familie möglichst friedlich abläuft.

Auch in Workshops passiert etwas Ähnliches. Innerhalb kurzer Zeit gelingt es, dass völlig Fremde miteinander sehr persönliche Dinge besprechen und erleben. Das geschieht natürlich zum einen durch die Haltung der Person, die den Workshop gibt, die Art der Anleitung und den Aufbau des Workshops. Zu einem ganz wesentlichen Teil gelingt es aber auch deswegen, weil alle Anwesenden das *wollen* und sich am Anfang des Workshops in der Vorstellungsrunde dazu bekennen. Sie schaffen durch ihre klar geäußerte Intention und ihre Entscheidung, zum Gelingen beizutragen, einen Raum, in dem das, was sie sich wünschen, Wirklichkeit werden kann und in dem sich das wie ein gemeinsames Projekt anfühlt.

Auch auf Sex- und Playpartys gibt es verschiedene Ansätze, einen solchen intentionalen Raum zu schaffen.

In der Berliner Sexpartyszene gibt es sehr unterschiedliche Herangehensweisen, Atmosphären in Räumen zu gestalten. Dabei gilt es immer, zwischen der Einladung zu Spontaneität und Impulsivität einerseits und sicherem Raum andererseits eine Balance zu finden. Je nachdem, welchen Fokus die Gastgeber*innen setzen wollen, kann das durch festgelegte Regeln sein oder durch die Wahl der Musik und der Lautstärke. An einem Ort, an dem die Musik jede Unterhaltung übertönt, ist die Intention z. B., nonverbale und tendenziell anonyme Begegnungen zu ermöglichen, zu tanzen und sich in Bewegung und unmittelbar körperlich zu begegnen, vielleicht auch, durch Alkohol und Drogen und eine anonyme Menschenmasse Hemmschwellen abzubauen.

Eine Zeit lang gab es in Berlin eine Party für Frauen* Lesben*Trans*, die mit einem verpflichtenden Konsensworkshop und einer Teilnahmebegrenzung das Gegenteil versucht hat, nämlich gleich zu Anfang zu verbaler Kommunikation einzuladen, diese zu normalisieren und Menschen über verbalen Austausch in einen bewussten Kontakt zu bringen.

Dann gibt es einen anderen sexpositiven Ort, in dem Workshops und Partys stattfinden, der den Spagat zwischen *brave* und *safe* dadurch zu überbrücken versucht, dass er einen ästhetischen Zugang wählt. Es werden Grundqualitäten wie Anmut und Präsenz eingeladen, „Geplapper" über Alltagsthemen ist nicht erlaubt, besondere Kleidung ausdrücklich erwünscht, ohne jedoch einen Dresscode vorzugeben. Der Raum selbst ist offen und freundlich gestaltet und wirkt eher wie die gemütliche Version eines Tanzstudios. Regeln für sexuelle Interaktionen werden dabei nicht festgelegt, sondern es wird darauf vertraut, dass in einer entsprechenden Atmosphäre achtsam mit sich selbst und anderen umgegangen wird. Der Fokus liegt hier auf kreativem und impulsivem Spiel.

An einem anderen Ort hingegen, diesmal mit einem queeren Fokus, der ebenfalls hell und freundlich gestaltet ist, gibt es sehr klare Regeln für den Umgang mit übergriffigem Verhalten, Vorgaben zu Kommunikation und Spielarten und es werden regelmäßig Konsensworkshops veranstaltet. Dort wird auch großer Wert auf Diversität gelegt, was schon in den Workshopausschreibungen, sowie den Werbefotos sichtbar wird. Hier wird versucht, durch klare Regeln Sicherheit zu vermitteln, so dass sich sehr unterschiedliche und auch von Gewalt betroffene Menschen sicher genug fühlen können, um in einem sexpositiven Raum Erfahrungen zu machen. Durch die transparente Kommunikation dieser Regeln ist es auch für Neulinge möglich, sich vorab eine Vorstellung von der Situation zu machen, in die sie sich begeben.

Explizite BDSM- und Sexclubs haben meist eine Trennung zwischen Sex-/Spielbereich und einem Barbereich zum Ankommen, Kennenlernen oder Ausruhen, so dass es verschiedene Abstufungen von Involviertheit gibt, was sowohl ein Ankommen als auch ein „Landen" nach intensiven Erfahrungen erlaubt. Auch Kennenlernen und Vorgespräche finden hier statt, bevor man sich anschließend in den Darkroom begibt – der im Übrigen nicht immer dunkel sein muss. In solchen Clubs gibt es eher gedämpftes Licht und im Spielbereich Abstufungen von öffentlicheren Bereichen und privateren Ecken, sowie oft auch einen strikten Dresscode, genauso wie Abende für verschiedene Zielgruppen oder mit verschiedenen Themen. Gäste sind dort eher sich selbst überlassen, können aber sicher sein, dass sie unter Gleichgesinnten sind. Es gibt zwar keine Gastgeber*innen, die durch den Abend führen, Barkeeper haben jedoch meist ein Auge auf Gäste und ihren Alkoholkonsum. Der Umgang mit anderen Drogen ist unterschiedlich.

In Berlin gibt es zudem verschiedene Gruppen und Einzelpersonen, die Sexpartys organisieren, die auch jeweils den Spagat von möglichst sicherem Raum und der Möglichkeit, sich frei zu fühlen und von Impulsen leiten zu lassen, sehr verschieden und unterschiedlich bewusst navigieren. Auch das Verhältnis der Verantwortung von Gastgebenden und Eigenverantwortlichkeit wird unterschiedlich interpretiert. Von einer eher geschlossenen Einladungspolitik – erweiterte Freundeskreise, E-mail-Verteiler und keine öffentliche Ausschreibung – über öffentliche Clubs mit Türsteherpolitik und Dresscodekontrolle zu „Temple Nights“ mit vorheriger Anmeldung, die sexuelle Begegnungen als Teil einer spirituellen Praxis sehen und sich davon besondere Achtsamkeit versprechen, gibt es ein breites Spektrum.

Interessanterweise ist ein halböffentlicher Raum dabei zwar weniger privat und kann sich deswegen „ungeschützter“ anfühlen als ein Schlafzimmer. Durch die Anwesenheit anderer Menschen ist aber gleichzeitig eine soziale Kontrolle gegeben, die im privaten Rahmen nicht stattfindet. Auch das Verlassen einer Situation kann im Partykontext leichter sein, weil er sich insgesamt spielerischer und unverbindlicher anfühlt als ein privater Raum. Der Austausch mit anderen über Erlebtes ist hier relativ direkt und unkompliziert möglich, z. B. an der Bar. Manche Menschen bevorzugen auch deswegen solche Orte für (erste) Sexdates oder um neue Erfahrungen zu machen.

Von diesen Erfahrungen mit der Gestaltung halböffentlicher intentionaler Räume kann man aber auch im privaten Kontext profitieren. Wie initiieren wir Sex? Wie setzen wir den Rahmen? Passt er zu dem, was wir wollen? Wie signalisieren wir der anderen Person, dass wir Interesse an ihren Bedürfnissen haben? Nehmen wir uns die Zeit, um gut bei uns selbst zu sein? Schenken wir sexuellen Begegnungen auch mit einkehrender Beziehungsroutine die Aufmerksamkeit, die sie verdienen, oder finden sie nur noch in der Zeit statt, die „übrig bleibt"? Machen wir uns die Mühe, uns mit Sex zu beschäftigen, uns weiterzuentwickeln und Lust und Erotik am Leben zu erhalten? Schaffen wir einen Rahmen, in dem wir Mut fassen können, uns immer wieder verletzlich zu machen und Gewohnheiten zu unterbrechen, so dass Raum für Experimente und Nähe entsteht?

Am Anfang des Buches habe ich die Vorstellung kritisiert, dass durch Reden alles automatisch klar und sicher wird. Das wird es nicht. Aber Sprechen über Sex, Fragen beim Sex und Fragen vor einer Handlung sind natürlich sehr klare Signale einer Intention. Im Fragen drückt sich Interesse am Wohlergehen der anderen Person aus, der Wunsch nach klarer Kommunikation und das Versprechen, nicht über die Grenzen der anderen Person trampeln zu wollen. Oft steckt darin auch die implizite Bitte, selbst ebenso gefragt und achtsam behandelt zu werden.

Intention, die Realität werden soll, muss mit Taten gefüttert werden. Wir können uns vorstellen und wünschen, wie etwas sein soll, wir sollten uns dann natürlich aber auch so verhalten, dass wir zum Gelingen beitragen. Trotzdem gibt es keine Garantie dafür, dass das, was wir versuchen zu erreichen, passieren wird. Zu viele Faktoren spielen eine Rolle. Deswegen ist es aber nicht unwichtig, was wir tun und wie entschieden wir uns der Intention zur Verfügung stellen, denn wir erhöhen die Wahrscheinlichkeit enorm, dass durch unser Zutun die Atmosphäre so wird, wie wir sie uns wünschen. Auch unsere Fähigkeit, mit misslungenen Experimenten umzugehen wird besser, wenn wir uns von vorneherein mitverantwortlich für die Gestaltung der Atmosphäre gefühlt haben und uns nicht nur als ihr Opfer sehen.

Intention ist auch wichtig, wenn es um Einvernehmlichkeit in konkreten Begegnungen geht. Bei Missverständnissen und Unfällen ist Intention hier keine Ausrede à la „War doch nicht so gemeint. Stell dich nicht so an." Ehrliche Intention lässt sich an Taten messen und an den Zutaten, die wir zu unseren Begegnungen beisteuern. Wenn wir wirklich ein Interesse an Konsensualität haben, arbeiten wir immer weiter darauf hin und übernehmen Verantwortung für Unfälle und die Vermeidung solcher Situationen in der Zukunft. Wer das nicht tut, hat es damit vielleicht von Anfang an nicht ganz so ernst gemeint.

Die spürbare Intention macht also auch bei Konsensunfällen einen großen Unterschied in der Art, wie mit ihnen umgegangen werden kann. Wenn die beteiligten Personen sich grundsätzlich weiterhin für den Prozess zur Verfügung stellen, können Dinge aufgearbeitet werden. Die Beziehungsebene wird gestärkt oder geheilt und Wahrnehmungen können miteinander abgeglichen und letztendlich Kommunikation verbessert werden.

## KONSENSUALITÄT IST EIN PROZESS

Weil es so viel gibt, das zu einvernehmlichem Sex beiträgt, wird der Anspruch auf Perfektion natürlich schnell zur Überforderung. Dogmatische Regeln, wie es *richtig* geht, helfen uns nicht weiter und führen eher dazu, dass Menschen sich überfordert und gelähmt fühlen oder aus Scham schweigen, wenn sie merken, dass sie dem Anspruch nicht genügen. Außerdem haben Menschen verschiedene Prioritäten, wenn es darum geht, was sie brauchen, um sich wohl zu fühlen. Statt also nach dem perfekten Regelwerk zu suchen, halte ich es für hilfreicher, sich Konsensualität wie ein Mosaik vorzustellen. Wir definieren das Ziel, nämlich einvernehmlichen Sex, metaphorisch: ein gemeinsames Mosaik-Bild. Der Weg dorthin ist aber ein gemeinsamer kreativer Prozess. Verschiedene Menschen haben verschiedene Vorstellungen, Bedürfnisse und auch Fähigkeiten. Es gibt in diesem Prozess „Puzzlestücke", ohne die es gar nicht funktioniert. Irgendeine Art von möglichst klarer Kommunikation z. B. muss es geben. Wie die allerdings gestaltet ist, hängt von verschiedenen Vorlieben und Fähigkeiten ab. Eine möglichst freie Wahl zu haben gehört zu den unbedingten Mosaiksteinchen von Konsensualität. Ob es mir dabei reicht, dass ich mir selbst vertraue, oder ob ich dazu eine Vereinbarung brauche, ich viel gefragt werde oder mir eine andere Person bestätigt, dass Neins und Wünsche willkommen sind, hängt von mir, der Situation und der Tagesform ab. Am Ergebnis lässt sich ablesen, wie passend die verbauten Steine im Nachhinein aussehen, ob uns das entstandene Bild gefällt und wir etwas für ein nächstes Mal lernen. Selbst, wenn das fertige Mosaik ganz anders geworden ist als erwartet, kann dennoch der Prozess bereichernd oder lehrreich gewesen sein, unsere Beziehung gestärkt oder auch einfach Spaß gemacht haben. Und vielleicht ist das Mosaik sogar durch den Prozess viel schöner oder zumindest interessanter geworden, als wir uns vorher vorstellen konnten.

Da Situationen und unsere Partner*innen, aber sogar wir selbst je nach Tagesform immer wieder anders sind, können wir dabei allmählich unser Repertoire mehr und mehr erweitern. Je mehr Erfahrungen mit der Gestaltung von Einvernehmlichkeit wir bekommen, desto leichter gelingt es, Situationen konsensuell zu gestalten und auch schneller herauszufinden, welcher Aspekt fehlt oder was wir brauchen, wenn sich eine Situation nicht einvernehmlich oder irgendwie diffus unstimmig anfühlt.

Sex weniger als Performance und mehr als improvisiertes gemeinsames Experiment zu betrachten, kann viel Stress aus der Situation herausnehmen und zu mehr Kontakt und mehr Leichtigkeit führen. Ein ganz wesentlicher Teil davon ist, bei Störungen nicht weiterzumachen, sondern einen Schritt zurückzutreten. Bei großen Störungen, wie z. B. wenn etwas weh tut oder eine Person etwas nicht mehr möchte, ist das hoffentlich klar. Es gibt aber auch die vielen kleineren Störungen. Wenn die Lust auf einmal weg ist, sich Gedanken an den Zahnarzttermin am nächsten Tag aufdrängen, sich etwas weniger angenehm anfühlt als erwartet, die Kommunikation irgendwie nicht flüssig läuft oder sich die Situation krampfig anfühlt, sind die meisten Menschen schnell in der Versuchung, erst einmal weiterzumachen, in der Hoffnung, dass „es“ wiederkommt und die andere/n Person/en nichts davon mitkriegt/mitkriegen, dass man selbst nicht mehr so ganz bei der Sache ist.

In der Regel stehen die Chancen aber gut, dass, wenn eine beteiligte Person ein irgendwie geartetes Störgefühl hat, die andere/n Person/en auch fühlt/fühlen, dass der Flow verschwunden ist. Jetzt kann man an ihrer Stelle genau das Gleiche machen und einfach darüber hinwegspielen, weil man nicht greifen kann, was los ist, und hofft, dass „es“ wieder kommt. Man kann auch versuchen, mit mehr Tempo, neuen Spielzeugen oder tolleren Kunststücken mehr Stimmung aufkommen zu lassen.

Dass der Flow, die Verbindung, die Lust, die Impulse wiederkommen, ist aber wahrscheinlicher, wenn man einen Schritt zurückgeht, Tempo herausnimmt, sich selbst in der Wohlfühlzone wieder abholt und sich gegenseitig dort wiedertrifft, wo alles noch geschmeidig war. Vielleicht reicht es dazu aus, kurz langsamer zu werden oder verbal einzuchecken, vielleicht braucht es eine Pause, ein Gespräch oder etwas ganz anderes. In jedem Fall ist es notwendig, zuerst wieder in einen guten Kontakt zurückzufinden, bevor man weitermacht.

# KONSENSUELLEN SEX LERNBAR MACHEN

Wir befinden uns in einem Paradigmenwechsel der Sexualethik. Die gesellschaftliche Vorstellung entwickelt sich weg vom Sex als Pflichtprogramm und hin zum Ideal einer selbstbestimmten lustvollen Sexualität.

Veränderungen brauchen Lernprozesse und Lernen braucht Anleitung und Unterstützung, gleichzeitig aber auch Fehlertoleranz. Um Menschen zum Lernen einzuladen, braucht es außerdem einen wertschätzenden Umgang mit ihren Realitäten. Das Ideal der selbstbestimmten lustvollen Sexualität ist für einen Großteil der Gesellschaft weit entfernt. Dieser Tatsache müssen wir ins Auge blicken, damit das Ideal nicht ausgerechnet Druck auf diejenigen ausübt, die jetzt schon am meisten unter der herrschenden unkonsensuellen Norm leiden. Gleichzeitig gilt es, über real existierenden Verhältnissen nicht das Ideal aus dem Blick zu verlieren und Wege aufzuzeigen, sich von der einen zur anderen Realität zu bewegen.

Gerade in pädagogischen Räumen ist deswegen die Frage danach wichtig, in welchem Rahmen Gespräche und Angebote über Sex stattfinden. Fühlt sich das Thema für die Zielgruppe wie ein Pflichtprogramm an oder wie ein interessantes Forschungsgebiet? Gelingt es uns, Sexualität jenseits von Gefahr, Täter- und Opferrollen als etwas Positives darzustellen? Erklären wir Mädchen* und Frauen* nur, wie sie sich gegen männliche Sexualität behaupten sollen oder auch, wie sie ihre eigene Sexualität erforschen und selbstbestimmt ausleben können? Erklären wir Jungs* nur, dass sie keine Täter sein sollen und Rücksicht nehmen müssen oder schaffen wir es, Angebote zu machen, anhand derer Einvernehmlichkeit und respektvolle Sexualität mit einem attraktiven Identitätsbild verknüpft werden können? Erklären wir Queerness als Ausnahme und werben um Toleranz oder leben wir eine Haltung vor, die Vielfalt als selbstverständlich ansieht? Wirken wir wie Moralapostel oder wie Vorbilder? Entspricht der Rahmen, in dem unser Angebot stattfindet, den Werten, die wir vermitteln wollen in Bezug auf Selbstbestimmtheit, Genuss, Bedürfnisorientierung und Respekt? Können wir begeistern?

Den Raum zu schaffen, in dem ein Einlassen auf das Thema passieren kann, ist mindestens genauso wichtig wie der Inhalt, um den es gehen soll. Wenn wir also etwas über die Magie von Freiwilligkeit und Selbstbestimmung vermitteln wollen, muss das in einer freiwilligen und selbstbestimmten Form stattfinden. Das scheint manchmal unmöglich, z. B. im Schulkontext. Ich behaupte aber, dass es fast überall die Gelegenheit gibt, Wahlmöglichkeiten einzubauen oder verschiedene Abstufungen von Teilnahme anzubieten. Auch, ob wir unsere Zielgruppe als Expert*innen für ihr eigenes Erleben ernst nehmen und ihnen erst einmal guten Willen unterstellen oder unsere Angst vor Teenagern mit Disziplinierungsmaßnahmen überspielen, vermittelt subtil eine Haltung, die unsere Inhalte unterstützen oder untergraben kann.

Wenn es uns gelingt, einen Raum zu schaffen in dem die Art von Kontakt, die wir meinen, fühlbar wird, ist das eine transformative Erfahrung, die weit über das kognitive Lernen hinaus wirkt. Statt nur beizubringen, was sie nicht tun sollen, müssen wir gerade jungen Menschen auch Möglichkeiten an die Hand geben, wie sie konkret zu einem konsensuellen Miteinander beitragen können. Um Zugänge zu einvernehmlicher Sexualität aufzuzeigen, gibt es viele verschiedene Ansatzpunkte. Das kann bei einer Reflexion über gesellschaftliche und familiäre Erwartungen und Vorbilder in Bezug auf Geschlechterrollen anfangen oder der Wissensvermittlung über Anatomie, bei Körperarbeitsmethoden und Selbstfürsorge oder dem Lernen von Selbstverteidigungstechniken. Aber auch Atmosphären zu schaffen, in denen eingeladen ist, auf sich selbst zu hören und Impulsen zu folgen, in denen klar ist, dass es um den Menschen und sein*ihr Wohlergehen geht und nicht um das Erfüllen einer bestimmten Rolle oder Erwartung – all das kann heilsam dazu beitragen, dass neue Freiheitsgrade entstehen und Selbstbestimmung erfahrbar wird. Das Gefühl, das beim Lernen über Sex entsteht, wird mit dem Inhalt verknüpft. Auch Austausch in der Peergroup ist wichtig und wir können darauf einwirken, dass dieser unterstützend ist, indem wir auch hier Vorbild sind und Angebote machen, die empowerndes Miteinander fördern. Die Erfahrung zu machen, wie es sich anfühlt, wenn jemand wirklich respektvoll mit einem umgeht, kann dazu führen, mit sich selbst und anderen anschließend achtsamer umzugehen. Für manche Menschen ist ein pädagogischer Rahmen die erste Gelegenheit dazu, eine solche Erfahrung zu machen.

Auch für Erwachsene gilt im Prinzip dasselbe. Allerdings gibt es für sie wesentlich weniger und vor allem weniger niedrigschwellige Angebote zur sexuellen Bildung. Anscheinend wird davon ausgegangen, dass man nach Aufklärungsunterricht und Präventionskampagne in der Schule genug wüsste, um sich den Rest seines Lebens allein in dem Thema Sexualität zurechtzufinden. Das ist natürlich absurd, denn die Auseinandersetzung mit der eigenen erwachsenen Sexualität fängt ja zu dem Zeitpunkt erst an, an dem die Angebote aufhören. Aber während man gesellschaftlich akzeptiert öffentlich darüber sprechen kann, dass es nervt, wenn der Partner nie den Müll runter bringt, gibt es wenig Gelegenheiten, sich über Sexualität auszutauschen, obwohl das einen Bereich betrifft, der emotional meist in vielerlei Hinsicht wesentlich bedeutender für Menschen und ihre Beziehungen ist. Angebote für Erwachsene gibt es meist nur für Notfälle wie Gewalt, ungewollte Schwangerschaften und sexuell übertragbare Krankheiten oder als (Paar-)Therapie, und oft wird selbst in der Therapiesitzung Sexualität ausgeklammert. Das Abfinden mit einem eingeschlafenen oder unbefriedigenden Sexleben scheint in Langzeitbeziehungen weit verbreitete Norm. Aufklärungskampagnen, niederschwellige Angebote für Reflexion und Austausch, aber auch Erfahrungsräume gibt es kaum. Ich wünsche mir, dass sich das ändert, und ich glaube, dass dafür auch Nachfrage besteht. Statt nur über die alten Normen zu schimpfen und neue Normen zu fordern, müssen wir den Übergang begleiten, gestalten und dabei erfahrbar machen, was es zu gewinnen gilt.

In bewusst gestalteten Räumen können Menschen einen Geschmack davon bekommen, üben und genießen, wie sich ein Leben mit Genuss und Selbstbestimmung, mit Wertschätzung und Wohlwollen anfühlt. Wir können ihnen aus vollem Herzen zeigen, dass wir ihnen ein solches Leben gönnen und Wege aufzeigen, wie sie selbst dazu beitragen können. Und wir sollten immer und unbedingt uns selbst dabei mit einbeziehen.

# DANKSAGUNGEN

Schon seit vielen Jahren wollte ich dieses Buch schreiben. Nun fliegt es in die Welt hinaus und ich bin erleichtert und aufgeregt. Einige Kapitel lagen schon ewig halbfertig in der digitalen Schublade, manches habe ich schon auf ähnliche Weise in kurzen Artikeln veröffentlicht. Einiges ist aber auch neu und ich bin froh, dass ich das Buch erst jetzt fertig geschrieben habe. Es ist auf eine Weise „rund" geworden, die früher noch nicht möglich gewesen wäre. Daran beteiligt sind durch die Zeit viele Menschen, die mich auf verschiedene Weise unterstützt haben.

Da sind zunächst Yoscha und Olaf, die mir schon früh klargemacht haben, dass meine persönlichen Fragestellungen und Herangehensweisen an Sexualität auch für andere Menschen nützlich sein könnten. Da ist Cornelia Fleck, die schon vor mir im Querverlag geschrieben hat, mich zum ernsthaften Schreiben brachte und mich Jim vorstellte. Jim Baker, mein Verleger, der immer weiter offen für neue Gedanken und Perspektiven ist, mich von Anfang an ermutigt hat, aus irgendeinem Grund Potenzial in mir und meinen Gedanken sieht und mir gemeine Deadlines setzt, wenn ich ihn darum bitte. Mila Neunzig, die mir früh wertvolles Feedback zum noch unfertigen Manuskript gegeben hat. Und Maurus Knowles, der meinen Fuß vom Schlauch genommen hat, durch den der Titel fließen sollte. Danke Euch!

Im Entstehungsprozess dieses Buches habe ich eine Weile gedacht, dass ich Interviews verwenden möchte, und mich dann dagegen entschieden, weil ich gemerkt habe, dass das letztendlich ein Versuch war, mich hinter anderen zu verstecken. Es brauchte eine gar nicht mal so kurze Schreibblockadephase, um zu erkennen, dass es Zeit ist, erst einmal radikal zu meinen eigenen Gedanken und Ansätzen zu stehen.

Trotzdem haben mir die Gespräche sehr geholfen, meine Gedanken zu sortieren und zu polieren, zu erkennen, dass ihr offene Fragen in den gleichen Themen habt wie ich oder zu ähnlichen Erkenntnissen gekommen seid. An den Stellen, wo wir unterschiedlich denken, habt ihr mich dazu gebracht, meine Position zu schärfen. Beata Absalon, Jan Großer, Alexander Hahne, Puma Höflich, Kristina Marlen, Felix Ruckert, Manuela Kay, Mithu M. Sanyal: Vielen Dank für eure Zeit, eure Arbeit und die Bereitschaft, eure Erfahrungen mit mir zu teilen!

Ein Extra-Dank geht an Mithu: Dass du meine Gedanken schätzt und bereit warst, ein Vorwort beizusteuern, bedeutet mir viel!

Ich möchte mich außerdem bei all denen besonders bedanken, die die sexpositiven Räume zur Verfügung stellen und gestellt haben, in denen ich experimentieren und mich weiterentwickeln konnte und kann. Danke für euren Mut und euer Commitment!

Zuletzt, aber gleichzeitig am allerwichtigsten, möchte ich mich bei all den mutigen Menschen bedanken, die über die Jahre hinweg in meine Workshops gekommen sind, die sich oft trotz Unsicherheit und anfänglichem Zögern auf den Erfahrungsraum und auf mich einlassen und die ich beim Entfalten und Wachsen beobachten und unterstützen durfte und darf. Die mir immer wieder gespiegelt haben, wie wertvoll meine Arbeit für sie ist, die mir die Magie des intentionalen Raums gezeigt haben und durch die ich immer weiter lerne und meinen Horizont erweitere.

## in*sight/out*write

broschiert, 64 S., 11 x 16 cm
Klappbroschur auf Strukturkarton
8 €, 10 sFr., 8,10 € [A]

**Band 1**
Luise F. Pusch & Sookee | Feminismus & Sprache – Ein Gespräch | ISBN 978-3-89656-303-3

**Band 2**
Baffolo Meus | Schminken mit Tschechow – Die Politik von Drag | ISBN 978-3-89656-304-0

**Band 3**
Manuela Kay | Sehnsucht nach Subversion – Ein Weckruf | ISBN 978-3-89656-305-7

**Band 4**
Dirk Becker | Die Lederszene – Ein Ort der Sehnsucht | ISBN 978-3-89656-306-4

**Band 5**
Jasper Nicolaisen | Queere Familien – Eine utopische Betrachtung | ISBN 978-3-89656-307-1

**Band 6**
Cornelia Fleck | Queerfulness – Vom Glück einer solidarischen Protestkultur | ISBN 978-3-89656-315-6

**Band 7**
Patrick Henze-Lindhorst | AIDS als kollektives Trauma | ISBN 978-3-89656-316-3

**Band 8**
Till Randolf Amelung | Transaktivismus gegen Radikalfeminismus | ISBN 978-3-89656-317-0

**Band 9**
Joris Kern | Konsenskultur – Gemeinsam größer denken |ISBN 978-3-89656-318-7

**Band 10**
Kollektiv MF3000 | Ändern wir die Welt, sie braucht es! – Eine marxistisch-feministische Ansage | ISBN 978-3-89656-328-6

**Band 11**
Biba Oskar Nass | Microsdosing Testosteron – Ein alternativer Beipackzettel | ISBN 978-3-89656-330-9

**Band 12**
Chantalle El Helou | Vom Queersexismus zur Emanzipation – Ein Lagebericht mit Auswegen | ISBN 978-3-89656-336-1

**Band 13**
Nora Eckert | Außerhalb oder innerhalb der Binarität? – Sind wir unsere Genitalien? | ISBN 978-3-89656-337-8

**Band 14**
neo seefried & xan egger | Fluide Widerständigkeit – Transformative Narrative queerer Clubkultur | ISBN 978-3-89656-338-5

**Band 15**
Alexander Graeff | Das Spektrum erweitern – Warum wir über Bisexualität reden müssen | ISBN 978-3-89656-354-5

**Band 16**
Alex M. Gastel | Als in meinem Ausweis noch █████ stand – Über den Schmerz von Deadnames und Misgendern – und wie es besser geht | ISBN 978-3-89656-355-2

**Band 17**
Kevin Junk | Was uns eint – Coming-out als geteilte Erfahrung | ISBN 978-3-89656-356-9

**Band 18**
Jenaba Samura | Afrotopia – Schwarze Konstruktionen von Gender und Sexualität | ISBN 978-3-89656-357-6

**Band 19**
Klaus Lederer | Queerpolitik im Handgemenge | ISBN 978-3-89656-370-5

**Band 20**
Dana Müller & Steff Urgast | Feministisch im Job? | ISBN 978-3-89656-371-2

**Band 21**
Sayan Kouhzad | Wenn ich nicht im Iran geboren worden wäre | ISBN 978-3-89656-372-9